# ARMORIAL

DES

### PRINCES, DUCS, MARQUIS, BARONS

ET

# COMTES ROMAINS

### EN FRANCE, CRÉÉS DE 1815 A 1890

ET DES

# TITRES PONTIFICAUX

### CONFÉRÉS EN FRANCE PAR LES PAPES, SOUVERAINS DU COMTAT-VENAISSIN

PAR

## L. DE MAGNY

### DIRECTEUR DES ARCHIVES DE LA NOBLESSE

## PARIS

### AUX ARCHIVES DE LA NOBLESSE

**51, rue Taitbout, 51**

# ARMORIAL

# DES COMTES ROMAINS

ET DES

# TITRES PONTIFICAUX

# ARMORIAL

## DES PRINCES, DUCS, MARQUIS, BARONS

ET

# COMTES ROMAINS

EN FRANCE, CRÉÉS DE 1815 A 1890

ET DES

# TITRES PONTIFICAUX

CONFÉRÉS EN FRANCE PAR LES PAPES, SOUVERAINS DU COMTAT-VENAISSIN

PAR

## L. DE MAGNY

DIRECTEUR DES ARCHIVES DE LA NOBLESSE

PARIS

AUX ARCHIVES DE LA NOBLESSE

51, RUE TAITBOUT, 51

# PRÉFACE

De toutes les marques de distinction destinées à récompenser le mérite et les vertus, les titres nobiliaires conférés par les souverains pontifes ont toujours été l'objet des plus légitimes aspirations, en France, depuis la cession du Comtat-Venaissin aux papes.

Pendant leur longue et heureuse domination à Avignon, les souverains pontifes accordèrent un certain nombre de titres généralement attachés à des terres ou à un ensemble de seigneuries soumises à l'hommage féodal. C'est ainsi, par exemple, qu'on vit l'érection des terres de Baumes, de Caderousse, de Caumont et de Gadagne en duchés.

En dehors des titres nobiliaires, les papes conférèrent aussi à leurs sujets du Comtat-Venaissin, le titre de *comte palatin*, qui était une dignité purement honorifique et personnelle, décernée généralement à des gentilshommes ; nous avons donc cru devoir leur consacrer un chapitre spécial à la fin de notre ouvrage.

Après l'annexion du Comtat-Venaissin à la France, en 1791, les papes continuèrent à délivrer de Rome, à des familles françaises, des brefs leur accordant des titres soit personnels, soit héréditaires, désignés plus spécialement sous le nom de Titres romains.

Mais c'est seulement à partir du pontificat de Grégoire XVI, en 1831, que le Saint-Siège conféra souvent des titres à des Français qui s'étaient signalés à sa bienveillance par leurs mérites et leurs services rendus à la religion, au Saint-Siège et à l'Église.

Ces titres ne furent pas tous reconnus par les gouvernements qui se sont succédé depuis cette époque. Sous le règne de Louis-Philippe, la Chancellerie française en confirma plusieurs ; sous le second empire, Napoléon III confirma quatorze titres romains de comte, entre autres ceux de MM. Armand, Casy, Cécille, de Corcelles, de Rostolan et Vaillant, en vertu du décret impérial du 24 janvier 1852 rétablissant les titres de noblesse abolis en février 1848.

On sait que ce décret impérial est toujours en vigueur, mais que, depuis la révolution de 1870, et l'avènement du gouvernement républicain, le chef de l'État s'est abstenu d'user des prérogatives que ce décret lui conférait pour récompenser les faits d'ordre moral. Seul, pendant sa présidence, le maréchal de Mac-Mahon a confirmé cinq titres de comte accordés à des Français par S. S. le pape Pie IX. Cet état d'indifférence prolongée de la part du gouvernement a obligé les familles catholiques à solliciter du chef de la chrétienté la concession de titres honorifiques équivalant à ceux que conféraient jadis les souverains de la France, titres qu'ils peuvent transmettre à leurs descendants, comme un souvenir des services rendus par eux à l'Église, à la religion et au Saint-Siège.

A part les prélats et quelques dames, dont les titres sont personnels (*ad personnam* dans les brefs de concession), le nombre des titulaires des différents grades, depuis la Restauration jusqu'à nos jours, c'est-à-dire pendant une période de soixante années, atteint à peine le chiffre de cent quatre-vingts noms.

Dès lors, nous avons pensé qu'il serait aussi utile qu'intéressant de publier une monographie exacte, complète, avec quelques détails généalogiques et la description de leurs armoiries, de tous les Français qui ont eu, depuis plusieurs siècles, le précieux avantage d'être décorés d'un titre nobiliaire par le gouvernement pontifical.

Il nous a semblé opportun de perpétuer le souvenir de nos compatriotes qui se sont signalés par leur dévouement à la cause de l'ordre, de la justice et de la Papauté. Rappeler le nom de ces hommes d'élite qui ont versé leur sang à Mentana et à Castelfidardo, et de ceux qui n'ont cessé de défendre le Saint-Siège et la religion par la plume, la parole et leurs actes, contre les attaques de l'impiété et de l'anarchie, toujours croissantes, nous a paru être un devoir d'actualité.

Pour arriver à ce but, nous avons fait aux titulaires un appel chaleureux qui a été entendu et qui nous a permis de donner à notre œuvre un caractère d'exactitude et de sincérité que doivent comporter ces sortes de travaux. Quelques personnes seulement, pour des motifs qu'il ne nous appartient pas d'apprécier, se sont abstenues de nous fournir les renseignements nécessaires pour compléter leurs notices.

Notre opuscule comprend la nomenclature des Français qui ont obtenu des souverains pontifes les titres de prince, de duc, de marquis, de comte et de baron. A de très-rares exceptions, tous les titres émanant du Saint-Siège sont conférés *héréditaires* et transmissibles par ordre de primogéniture, de mâle en mâle dans la ligne naturelle, légitime et catholique. C'est pour ce motif, et afin d'éviter la monotonie, que nous avons omis le qualificatif *héréditaire* dans la mention des titres des divers grades.

# ARMORIAL

BEILLE (Auguste), armateur à Marseille, chevalier des ordres de la Légion d'honneur et de Saint-Sylvestre, créé comte romain en 1852.

Il était fils de Jean-Joseph-André Abeille, officier d'artillerie sous Louis XVI, chevalier de Malte et de Saint-Louis, mort à Marseille, en 1842, à l'âge de quatre-vingt-six ans.

ABEILLE (Adolphe-Jean-Honoré) cousin du précédent, créé comte par bref de S. S. Pie IX, du 24 septembre 1869.

Il a laissé quatre enfants : 1° Albert, comte Abeille, ancien secrétaire d'ambassade; — 2° Émile Abeille, secrétaire d'ambassade, démissionnaire en 1879, chevalier de la Légion d'honneur; — 3° Adolphe Abeille, ancien capitaine de cavalerie; — 4° Marie Abeille, mariée, en 1866, au comte de Gouy d'Arsy.

Il sont issus d'une ancienne famille originaire de la Ciotat qui s'était établie à Marseille, où Jean Abeille fut nommé viguier royal

1

en 1555, et qui a donné Jean Abeille, pourvu le 25 avril 1684, de l'office de secrétaire du roi près la Cour des Comptes de Provence.

ARMES : *d'azur, à une ruche d'or, accompagnée de 3 abeilles du même, posées 2 en chef et 1 en pointe.*


ACHÉRY (EDMOND-LOUIS-ROSE D'), né en 1833, camérier de Sa Sainteté, commandeur de l'ordre de Saint-Grégoire-le-Grand, chevalier de première classe de l'ordre de François Ier de Naples, issu d'une famille noble de Picardie dont était Pierre l'Hermite, créé prince par bref de 1875.

ARMES : *de gueules, à la croix d'argent, et en abime un écu d'azur, à deux haches d'argent passées en sautoir, accompagnées en chef d'une étoile d'or et en pointe d'une fascine du même.* — TENANTS : *à dextre, un moine portant une bannière de gueules, à la croix d'argent, et à sénestre, un guerrier cuirassé, la main posée sur une hache.* — CRI : *Diex ly volt.* — L'écu timbré d'un casque sommé d'une couronne de prince. — CIMIER : *un ours tenant une hache d'armes et un globe terrestre, le tout posé sur un manteau sommé d'une couronne de prince.* — DEVISE : *Liesse à l'hache du croyant.*


AFFRE DE SAINT-ROME (DENIS), neveu de Mgr Affre, archevêque de Paris, le martyr de la révolution de 1848, créé comte, marié à Mlle DE NOGARET, fille du baron de Nogaret et de la baronne, née AFFRE DE SAINT-ROME.

ARMES : *d'azur, au dauphin nageant sur une mer d'argent; au chef cousu de gueules, chargé de trois étoiles d'argent.*


AGNIEL DE CHÈNELETTE (REMY), créé comte par bref de S. S. le pape Pie IX, le 26 février 1864, marié à Mlle DAUGER. Il descend de Pierre-Henri AGNIEL DE CHÈNELETTE, trésorier de France. La famille Agniel a fourni un colonel d'artillerie qui s'est distingué à la défense de Lyon, en 1793.

ARMES : *Coupé: au 1er, d'azur, à trois étoiles d'argent rangées en fasce, surmontées d'un soleil d'or; au 2me, d'or, à l'agneau passant d'azur.*


ALBIOUSSE (NUMA D'), lieutenant-colonel des volontaires de l'Ouest (zouaves pontificaux), chevalier des Ordres de Pie IX et de Saint-Grégoire-le-Grand, décoré des médailles de Castelfidardo et de Mentana, né le 1ᵉʳ septembre 1831, créé comte par bref de juin 1886, et au titre héréditaire le 8 février 1887. Il s'est marié à Jeanne CHOMEL DE MONTELA, dont il a eu : Jean, Joseph, Henri et Pierre d'Albiousse.

ARMES : *de gueules, à l'épée d'or en pal.* — DEVISE : *Pro Petri sede.*

ALLÉON (Amédée), créé comte, titre confirmé, à titre personnel, par Napoléon III. Il a épousé, le 3 octobre 1863, Mˡˡᵉ ASSELIN DE VILLEQUIER.

ARMES INCONNUES.

ALRICS DE CORNILLAN (CHARLES-FRANÇOIS DES), seigneur de Rousset, Saint-Pantali, la Baume, le Pègue, Piégu, etc., conseiller d'honneur au parlement de Dauphiné, obtint, en 1690, l'érection de ses terres de Rousset et de Saint-Pantali en marquisat par bulles du pape Alexandre VIII, dont Marie DE CUCHET, sa veuve, rendit hommage au Saint-Siège, entre les mains de seigneur Scipion Zanelli, recteur du Comtat-Venaissin, en 1691. Il ne laissa qu'un fils : Jean-François DES ALRICS DE CORNILLAN, marquis de Rousset, seigneur de la Baume, le Pègue, Piégu, Venteirol, etc., chevalier d'honneur au parlement de Grenoble, époux de Mabile DURAND, mort, dernier de son nom, à Grenoble, au mois de mai 1737.

ARMES : *De gueules, au chevron d'or, accompagné de trois croisettes du même.*

ANCEZUNE-CADART DE TOURNON (JUSTE-JOSEPH-FRANÇOIS D'), seigneur d'Aurcille, Saint-Alexandre, Saint Estève, Vénéjan, etc., baron de Vélorgue, marquis de Thor et de Codolet, fut créé duc de Caderousse par le pape Alexandre VII, en 1663. (*Voir* article : DE GRAMONT.)

ARMES : *De gueules, à deux dragons monstrueux d'or affrontés, ayant face humaine.*

ANGEBAUT (GUILLAUME-LAURENT), évêque d'Angers, chevalier de la Légion d'honneur, né le 17 juin 1790, décédé à Angers le 20 octobre 1869, créé comte en 1857.

ARMES INCONNUES.

**ANGLÉSY** (d") — La terre de Mattéville fut érigée en marquisat en faveur de la famille d'Anglésy par bref du Pape, souverain du Comtat-Venaissin, en date du 24 septembre 1775.

ARMES : *d'argent, à l'aigle au vol éployé de sable, armée, languée et couronné de gueules.*

**ARDIN** (Mgr Pierre Marie-Etienne), évêque des diocèses de La Rochelle et de Saintes (Charente-Inférieure), chevalier de la Légion d'honneur, créé comte par bref du 6 septembre 1881, a été nommé évêque d'Oran, par décret du 12 février 1880, puis évêque de La Rochelle en 1884.

ARMES : *de gueules, au mont de six coupeaux d'or, mouvant de la pointe et sommé d'une croix de Calvaire du même ; au chef cousu d'azur semé d'étoiles d'argent.* — DEVISE : *Instaurare omnia in Christo.*

**ARMAND** (Ernest), membre de la Chambre des députés, ministre plénipotentiaire de 1re classe en disponibilité, commandeur de la Légion d'honneur, grand'croix de Saint-Grégoire le-Grand, de Notre-Dame de la Conception de Villa-Viçosa de Portugal, etc.

Chargé d'affaires de France à Rome en 1867, lors de l'invasion des États pontificaux, par la fermeté et la loyauté de sa politique, M. Armand défendit en même temps l'existence du Saint-Siège et la dignité de la France qui avait garanti par traité l'intégrité des États romains.

Pour ce fait, il fut créé comte par un bref des plus flatteurs, en date du 26 novembre 1867, et ce titre héréditaire lui fut confirmé par le gouvernement français le 4 juillet 1868.

M. le comte Armand a épousé Blanche-Victoire-Sophie Rainbeaux, dont : 1° Blanche-Cécile-Marguerite, mariée en 1879, au comte François de la Rochefoucauld, secrétaire d'ambassade ; 2° Abel-Henri-Georges, né en 1863.

Il s'est remarié, le 25 janvier 1889, à Anne-Marie-Armande-Catherine de Gontaut-Biron, fille du vicomte de Gontaut-Biron, ancien ambassadeur de France à Berlin, et veuve de Raoul Le Sage d'Hauteroche, comte d'Hulst.

ARMES : *d'hermines, à trois annelets de gueules enlacés en triangle, les chatons garnis : le premier d'une tiare, le second d'une couronne impériale, le troisième d'une louve.* DEVISE : *Et patri et patriæ.* COURONNE : *de comte avec cette légende :* OB TUA.

**ARONDEL DE HAYES** (Sélim-Marie), créé comte par bref du 11 octobre 1877. La famille Arondel est originaire d'Angleterre.

ARMES : *d'argent, à deux lions de gueules, affrontés et soutenant une épée due du même, la pointe en bas.*

**ARTIGUES** (Pierre-Henri d'), créé baron en 1880.

> Armes : *d'argent, à un chevron d'azur, accompagné en chef de deux étoiles du même et en pointe d'un lion de gueules.* — Supports : *deux lions.* — Couronne : *de baron.*

**ATHÉNOSY** (Guillaume-François d'), né en 1673 à Avignon, fut créé comte palatin héréditaire par le pape, souverain du Comtat-Venaissin. Ce titre était transmissible à tous ses descendants mâles.

La famille est représentée de nos jours par M. Georges Athénosy, sous-lieutenant élève d'artillerie, à Fontainebleau.

La famille Athénosy avait déjà hérité, en 1660, des droits et titres de la famille di Martini da Santo-Albano, de Florence.

> Armes : *d'or, au chevron de sable, accompagné de trois noix de gueules.*

**AUGIER DE MOUSSAC** (Jean), ancien zouave pontifical, créé marquis par bref de 1887.

> Armes : *d'or, à trois croix potencées de sable, posées en pal.*

MICHEL-MARIE DOUBLE, ÉVÊQUE DE TARBES. †1843.

ALBES DE BERTON (Louis), marquis de Crillon, lieutenant général des armées du roi d'Espagne en 1781 et capitaine général de ses armées, commanda les troupes espagnoles qui s'emparèrent de l'île Minorque et de la ville de Mahon. C'est en sa faveur que le pape Benoît XIII érigea à Avignon, en 1725, la terre de CRILLON (arrondissement de Carpentras) en duché.

Le titre de duc de Crillon fut confirmé par Louis XVIII, roi de France, le 11 juin 1817.

Le dernier duc de Crillon était Marie-Gérard-Louis-Félix-Rodrigue BALBES DE BERTON, duc de Crillon, pair de France, maréchal de camp, duc de Mahon et grand d'Espagne, né le 15 décembre 1782 et mort le 22 avril 1870. Il avait épousé, le 15 septembre 1806, Zoé-Victurnienne-Françoise DE ROCHECHOUART DE MORTEMART, décédée le 3 mars 1845, laissant cinq filles : 1° Victurnienne-Ernestine DE CRILLON, mariée à Ferdinand, marquis DE GRAMMONT, député de la Haute-Saône. — 2° Marie-Victurnienne-Stéphanie DE CRILLON, épouse de Sosthène, comte DE CHANALEILLES. — 3° Victurnienne-Louise-Valentine DE CRILLON, mariée, en janvier 1832, à Charles, duc POZZO DI BORGO, décédée en 1890. — 4° Louise-Victurnienne DE CRILLON, femme du marquis DE CARAMAN. — 5° Juliette-Anne-Victurnienne DE CRILLON, mariée le 18 juillet 1843, à Sigismond, comte DE LÉVIS-MIREPOIX, veuve le 3 juillet 1886.

ARMES : d or, à cinq cotices d'azur. — DEVISE : Fais ton devoir.

BALNY D'AVRICOURT (FERNAND-LÉOPOLD), ministre plénipotentiaire, ancien conseiller général de l'Oise, commandeur, avec plaque, de l'Ordre de Saint-Grégoire-le-Grand, etc., chevalier de la Légion d'honneur, créé comte par bref du 20 décembre 1871, pour l'appui donné aux droits du Saint-Siège dans la question de l'investiture du patriarche arménien de Constantinople, Mgr Hassoun, élevé depuis à la dignité de cardinal. Né le 8 octobre 1844, il est fils de

M. Balny d'Avricourt, en son vivant conseiller général de l'Oise, et de Polyxène-Armance Dubois de Villevêque. Il s'est marié à Mˡˡᵉ Marie-Stella Spitzer, fille d'un diplomate autrichien, dont il a eu quatre enfants.

> Armes : *d'or, au sautoir d'azur, accompagné de quatre merlettes de gueules.* — Devise : *Ex Oriente lux.*

BARASCUD (Antoine Hippolyte), député du département de l'Aveyron. réélu le 22 septembre 1889, créé comte par bref de novembre 1888,

> Armes inconnues.

BARBIER D'AUCOURT, voir HAPPEY.

BARDEAU (Charles de), créé comte par bref du 23 mai 1855; titre transmis à son fils, Charles–François de Bardeau, né à Trieste, le 30 septembre 1830, chevalier de Malte, lequel a épousé, en 1870, à Rome, Emma de Bellegarde, née en 1848.

> Armes : *d'or, à un mulet (bardot) de sable.*

BARONCELLI (de), créé marquis de Javon par le Pape Léon X, souverain d'Avignon.

> Famille représentée par Gabriel marquis de Baroncelli de Javon.
> Armes : *bandé d'argent et de gueules de six pièces.* — Devise : *Pro Deo et rege.*

BARRÉ DE SAINT VENANT (Adhémar Jean-Claude), membre de l'Institut (Académie des Sciences) et de l'Académie romaine des *Nuovi Lincei*, ingénieur en chef des Ponts et Chaussées, officier de la Légion d'honneur, chevalier de l'ordre de Saint-Grégoire-le-Grand, etc., créé comte le 27 août 1869. Il s'est marié à Julie Rohault de Fleury dont postérité. Il est décédé le 5 janvier 1886.

> Famille originaire du Poitou, fixée à Saint-Domingue.
> Armes : *d'azur, au chevron d'argent, accompagné en chef de deux mouchetures d'hermine du même, et en pointe d'un soleil d'or.*

BÉGÉ (N.), créé comte, père de Achille Bégé, officier, qui a épousé en décembre 1890, Marie Harty de Pierrebourg, fille du général de ce nom.

BELHOMME DE FRANQUEVILLE (Louis), ancien conseiller d'État, camérier de Sa Sainteté, créé comte par bref de 1870.

> Armes : *de gueules, au chef d'or.*

BENEYTON (Charles-Amédée), chevalier des ordres de Pie IX et de Charles VII d'Espagne, camérier de Sa Sainteté ; créé comte par bref de 1883. Il est né en 1824, et a épousé, en 1851, Laurence Gosse de Serlay, dont il a eu trois enfants. Décédé le 7 septembre 1888, au chalet de la Saussaye, près de Saint-Hippolyte (Doubs).

> Armes : *de gueules, à la croix d'or cantonnée de quatre briquets de fusils du même, affrontés ; sur le tout, d'argent, à trois taons de sable, surmontés d'un soleil de gueules.*

BERGER DU SABLON (N.), issu d'une famille du Lyonnais qui a donné un secrétaire du Roi, en 1691, créé comte.

> Armes : *d'azur, au chevron accompagné en chef d'un soleil et en pointe d'un léopard, le tout d'or.*

BERNARDI DE VALERNES (N. de), créé vicomte par bref du Pape, souverain du Comtat-Venaissin.

Cette famille est représentée de nos jours par :

1° Marie-Stanislas-Gustave, vicomte de Bernardi, à Carpentras, marié à Delphine Julie-Marie de Ripert d'Alauzier, dont trois enfants;
2° Le vicomte de Bernardi de Valernes, marié en 1813, à Iphigénie du Laurens d'Oiselay.

> Armes : *d'azur, au cor de chasse d'or, au chef d'argent soutenu d'or et chargé de trois grenades de sinople.*

BERTEUX (Louis-Marie-Luc Tresvaux de), créé comte par bref de 1861, confirmé en France la même année. Il s'est marié à M^lle Foy, fille du comte Foy.

> Armes. *Écartelé : aux 1 et 4, coupé denché de gueules sur argent ; aux 2 et 3, d'argent à un chevron d'azur, accompagné de trois lis au naturel, tigés et feuillés de sinople.*

BESSON (M^gr François-Nicolas-Xavier), né à Baume-les-Dames (Doubs), le 5 octobre 1821, évêque de Nîmes (3 août 1875), créé comte en 1883.

> Armes : *Écartelé : au 1^er, de gueules, à la croix pattée et alésée d'or ; au 2^e, d'azur, au lion naissant d'or, lampassé d'argent, brochant sur neuf billettes du même ; au 3^e, d'azur, à la colombe d'or soutenant un phylactère d'argent, portant l'inscription S. Johannas, et adextrée d'une main bénissante d'or ; au 4^e, de gueules, à la main mouvant du flanc sénestre portant une palme et sortant d'un nuage, le tout d'argent. — Devise: In te Domine speravi.*

BILLÈRE (Mgr PROSPER-MARIE), né à Bertren (Hautes-Pyrénées), le 10 août 1817, curé-doyen de Bagnères-de-Bigorre, évêque de Tarbes (20 septembre 1882), comte par bref du 10 février 1886.

> ARMES : *d'azur, à la Vierge d'argent (N.-D. de Lourdes), vêtue d'un manteau d'or, posée sur un croissant du second émail, écrasant du pied la tête d'un serpent de sinople et accompagnée en chef de neuf étoiles d'argent posées en cercle autour d'elle ; au canton sénestre : les armes de* BAGNÈRES-DE BIGORRE : *de gueules, au château d'argent, ouvert du champ, donjonné de trois tours aussi d'argent.* — DEVISE : *Posuit me custodem.*

BLANCHETTI (DE), créé comte par bref du Pape, souverain du Comtat-Venaissin, en date du 7 septembre 1742.

La famille est actuellement représentée par César-Louis-Paul-Guillaume, comte DE BLANCHETTI, à Avignon, époux de Marie-Joséphine-Pauline DE PELLISSIER-LA-COSTE, dont postérité.

La branche aînée, fixée à Bologne (Italie), a pour chef François-Louis, comte BIANCHETTI, cousin germain du précédent, marié à Marie-Thérèse-Isabelle PAOLI, dont quatre enfants.

> ARMES : *bandé d'argent et d'azur de six pièces.* — CIMIER : *un lévrier issant tenant de la patte dextre une épée haute, et de la sénestre un gonfanon d'argent à la croix de gueules.* — SUPPORTS : *deux lévriers.* — DEVISE : *Fidus et agil.*

BLANGER (Mgr FRANÇOIS-BENJAMIN-JOSEPH), né à Abbeville (Somme) le 19 mars 1829, évêque de la Basse-Terre (21 mars 1873), transféré à l'évêché de Limoges (4 juillet 1883), chevalier de la Légion d'honneur, prélat de la Maison de Sa Sainteté, assistant au Trône pontifical, créé comte en 1878.

> ARMES : *d'azur, au sautoir d'or, accompagné de quatre tiges de roseaux du même.* — DEVISE : *Infirma mundi elegit Deus.*

BOHRER DE KREUZNACH (JEAN-GUILLAUME), créé comte par bref du 28 avril 1863, décédé en 1871. Son fils, Alfred, comte DE KREUZNACH, camérier secret de Sa Sainteté Léon XIII, commandeur des ordres de Pie IX et de Saint-Grégoire, a épousé Mlle BROSSIER DE LA ROULLIÈRE dont il a eu un fils, entré à Saint-Cyr et tué glorieusement, à l'âge de 19 ans le 29 octobre 1870, au combat de Bougival, et une fille Alice, mariée au vicomte Guillaume DE LOUVENCOURT.

> ARMES. *Coupé : au 1, de sable, à deux croisettes pattées d'argent ; au 2, d'argent à la croisette pattée de sable ; à la fasce échiquetée d'argent et de sable de deux traits brochant sur le tout.*

ONAPARTE (Lucien), né à Ajaccio, le 21 mars 1775, reconnu prince français par son frère aîné, l'empereur Napoléon I<sup>er</sup>, en 1815, membre du Sénat conservateur, fut créé PRINCE DE CANINO par le pape Pie VII, le 18 août 1814. Mort à Viterbe, le 29 mai 1840. Il avait épousé : 1° le 4 mai 1794, M<sup>lle</sup> Christine BOYER ; 2° en 1802, M<sup>lle</sup> Alexandrine-Laurence DE BLESCHAMP, née à Calais, le 23 février 1778, décédée à Sinagaglia, le 12 juillet 1855.

*Du premier lit :*

1° Charlotte BONAPARTE, née le 13 mai 1796, mariée, en 1825, au prince romain GABRIELLI, décédée le 29 septembre 1841.

*Du second lit :*

2° Charles-Jules-Laurent-Lucien BONAPARTE, prince de Canino et de Musignano, membre correspondant de l'Institut de France, né à Paris, le 24 mai 1803, réintégré dans sa qualité de Français le 21 février 1852, mort le 29 juillet 1857. Il épousa à Bruxelles, le 28 juin 1822, Zénaïde-Charlotte-Julie, fille de Joseph-Napoléon Bonaparte, roi d'Espagne, dont :

A. Joseph-Lucien-Charles-Napoléon BONAPARTE, PRINCE DE MUSIGNANO, né à Philadelphie, le 13 février 1824, décédé sans alliance ;

B. Lucien-Louis-Joseph-Napoléon BONAPARTE, PRINCE DE CANINO, titré *Altesse* par décret de l'empereur Napoléon III, né à Rome, le 15 novembre 1828, protonotaire apostolique, créé cardinal-prêtre le 13 mars 1868, chef de la Branche aînée ;

C. Julie-Charlotte-Zénaïde-Pauline-Lætitia-Désirée, princesse BONAPARTE, née à Rome, le 5 juin 1830, mariée, le 30 août 1847, à Alexandre DEL GALLO, marquis de Roccagiovine ;

D. Charlotte-Honorine-Joséphine, princesse BONAPARTE, née à Rome, le 4 mars 1832, épousa, le 4 octobre 1848, le comte Pierre PRIMOLI ;

E. Marie-Désirée-Eugénie-Joséphine-Philomène, princesse Bonaparte, née à Rome, le 18 mars 1835, mariée, le 2 mars 1851, au comte Paul DE CAMPELLO ;

F. Auguste-Amélie-Maximilienne-Jacqueline, princesse BONAPARTE, née à Rome, le 9 novembre 1836, mariée, le 2 février 1856, au prince Placide GABRIELLI ;

G. Napoléon-Jacques-Grégoire-Philippe, prince BONAPARTE, né à Rome, le 5 février 1839, ancien capitaine au service de France dans la légion étrangère, épousa, le 25 novembre 1859, la princesse Marie-Christine Ruspoli, dont postérité ;

    H. Bathilde-Aloïse-Léonie, princesse Bonaparte, née à Rome, le 26 novembre 1840, mariée à Louis-Joseph-Napoléon, comte de Cambacérès.

3° Lætitia-Marie, princesse Bonaparte, née à Milan, le 1er décembre 1804, mariée, le 4 mars 1821, à sir Thomas Wyse, seigneur de Saint-John, membre du Conseil privé, ministre plénipotentiaire de la Grande-Bretagne en Grèce, etc., mort à Athènes, le 15 avril 1862, dont cinq enfants, parmi lesquels : Louis-Lucien-Napoléon-Théodore Wyse, esquire, né le 13 janvier 1844, ancien officier de marine au service de France, à Paris ;

4° Louis-Lucien, prince Bonaparte, né le 4 janvier 1813, sénateur de l'Empire (31 décembre 1852), grand-cordon de la Légion d'honneur, titré *Altesse*, comme neveu de Napoléon Ier, a épousé, en 1832, Mlle Marianne Cecchi ;

5° Pierre-Napoléon, prince Bonaparte, né le 12 septembre 1815, ancien chef de bataillon de la légion étrangère, titré *Altesse*, a épousé, en avril 1869, Mlle Justine-Eléonore Ruflin, dont : le prince Roland Bonaparte et la marquise de Villeneuve ;

6° Antoine, prince Bonaparte, né le 31 octobre 1816, titré *Altesse*, membre de l'Assemblée législative de France en 1849, mort à Florence, le 27 mars 1877, époux de Mlle Marie Anne-Caroline Cardinali, décédée à Rome, le 11 octobre 1879 ;

7° Alexandrine-Marie, princesse Bonaparte, née le 12 octobre 1818, morte à Florence, le 27 mars 1874, veuve, depuis 1858, du comte Vincent Valentini de Canino ;

8° Constance, princesse Bonaparte, née le 30 janvier 1823, abbesse du Sacré-Cœur à Rome, décédée le 5 septembre 1876 ;

9° Paul Bonaparte, mort en Grèce ;

10° Jeanne, princesse Bonaparte, femme du marquis Honorati.

Armes : *de gueules, à deux barres d'or, accompagnées de deux étoiles du même, l'une en chef et l'autre en pointe.* (Cette branche de la maison impériale ne porte que les armes anciennes des Bonaparte.)

BONNAUD (N. de), créé marquis d'Archimbaud par bref du pape, souverain du Comtat-Venaissin.

Cette famille est représentée par la marquise douairière d'Archimbaud, née de Ribiers, dont la fille, Camille-Marie, s'est mariée, le 29 avril 1882, à M. Gabriel Demians.

ARMES : *Écartelé : aux 1 et 4, de gueules, au fer de lance d'argent, posé en bande, qui est de Bonnaud; aux 2 et 3, d'or, à la bande de gueules, chargée de trois molettes d'argent, qui est d'Archimbaud.*

BONNEAU-AVENANT (Victor Alfred-Saint-Gaudent-Louis), né à Angers le 7 janvier 1847, auteur de deux ouvrages couronnés par l'Académie française, créé comte par bref de Sa Sainteté le pape Léon XIII, en date du 4 février 1881.

ARMES : *aux 1 et 4, d'azur, à un chevron d'or, accompagné en chef de deux étoiles du même, et en pointe d'un bassin d'argent avec un jet d'eau d'or, qui est de Bonneau; aux 2 et 3, d'argent, à sept fusées de gueules, posées quatre et trois, qui est de Lestang.*

BONNET (Mgr Joseph-Michel-Frédéric), né à Langogne (Lozère) le 29 septembre 1835, vicaire général de Périgueux, évêque de Viviers (7 juin 1876), assistant au Trône pontifical, créé comte.

ARMES : *d'azur, à la croix d'or, chargée d'un cœur de gueules enflammé du même et entouré d'une couronne d'épines au naturel.* — DEVISE : *Spes mea.*

BOUCHAUD DE BUSSY (Jules de) créé comte par bref du 23 novembre 1856. décédé le 7 décembre 1881, à l'âge de 81 ans.

Le comte de Bouchaud de Bussy, officier démissionnaire en 1830, avait épousé, en 1831, Hedwige de Prunelle, dont : 1° Joseph-Pierre Louis, comte de Bouchaud de Bussy, officier de l'armée de François II, roi de Naples, chevalier de l'ordre de Pie IX, officier de l'ordre de François Ier de Naples, marié, le 28 mai 1867, à Marie-Émilie de Vauxonne, dont postérité. — 2° Jean-Louis-Paul de Bouchaud de Bussy, a épousé, le 2 février 1872, Marie de Masson d'Autume, dont postérité.

Une branche de cette famille s'est fixée dans le Lyonnais, vers 1830.

ARMES : *d'azur, au bouc saillant d'argent, accorné d'or, surmonté d'un soleil du même.*

BOULARD DE GATELLIER (Vital), conseiller auditeur à la Cour royale de Lyon (1816-1825), créé comte. Né le 18 septembre 1792, il avait épousé, le 23 septembre 1822, Philiberte-Hélène CELLARD DU SORDET et mourut le 15 octobre 1884, dont postérité.

> ARMES : *d'azur, à une branche de cinq rameaux de bouleau d'argent, feuillée d'or; au chef cousu de gueules, chargé de trois besants d'or.*

BOULET DE COLOMB D'HAUTESERRE (Arthur), chef de bataillon de l'armée territoriale, chevalier des ordres de Saint-Grégoire-le-Grand et de la Croix *pro Ecclesia et Pontifice*, commandeur de l'ordre d'Isabelle-la-Catholique, créé comte par bref du 5 février 1883. Il s'est marié à Marguerite BRUSAU, dont postérité.

> ARMES : *d'azur, au champignon renversé d'argent; au chef d'argent, chargé d'un boulet de gueules.*

BRASSIER DE JOCAS (N.), créé MARQUIS DE JOCAS, par bref du pape, souverain d'Avignon, au siècle dernier.

Cette ancienne famille noble est représentée par le marquis Marcel DE BRASSIER DE JOCAS, et ses deux frères. Ils sont fils de Louis, marquis DE BRASSIER DE JOCAS, décédé le 4 février 1882, et de Marie DE TESTANIÈRE DE MIRAVAIL.

> ARMES : *d'or, à la fasce d'azur.*

BROSSAUD DE JUIGNÉ (Gaston), né au château de Juigné, le 1er janvier 1836, créé comte par bref de Sa Sainteté Pie IX, du 9 juin 1871, a épousé, le 1er août 1868, à Paris, Berthe DE COUSTANT D'YANVILLE, dont postérité.

> ARMES : *d'azur, au lion d'argent, à la fasce d'hermines, brochant sur le tout.* — COURONNE : *de marquis.*   DEVISE : *Togâ et ense.*

BUCHÈRE DE L'ÉPINOIS (Henri Charles-Ernest de), né le 17 décembre 1831, créé comte par bref de 1881. Il est décédé en juillet 1890.

> ARMES : *d'argent, au chevron d'azur accompagné en chef d'une étoile à dextre et d'un croissant à sénestre aussi d'azur, et en pointe d'un mouton de sable.* — DEVISE : *Fidelis ad mortem.*

BUISSAS (Mgr Bernard), évêque de Limoges, né en 1797, créé comte en 1854.

> ARMES INCONNUES.

BUISSON DE COURSON (Joseph-Roger du), ancien zouave pontifical, ancien sous-officier de cavalerie, créé comte par bref du 30 janvier 1877. Engagé volontaire en 1870, il a fait toute la campagne de la Loire. Il est né à Bayeux, le 7 juin 1850, et a épousé : 1º le 31 mai 1876, Noël-Marie d'Orsanne de Thizay, qui est morte, le 28 mars 1883, et dont il eut deux fils ; 2º le 9 juin 1886, miss Barbe Neave, des barons anglais de ce nom.

ARMES : *Écartelé : aux 1 et 4, d'argent, au franc-quartier de gueules; aux 2 et 3, d'azur à trois roses de buisson d'or.* — SUPPORTS : *deux lévriers d'argent, accolés de gueules.* — CIMIER : *un lévrier issant du même.* — DEVISE : *La rose vient du buisson.*

AIX, BARON DE SAINT - AYMOUR (CHARLES-LOUIS-MARIE-OSWALD DE) ancien conseiller général de la Somme, créé comte par bref du 5 décembre 1865. Né à Amiens le 25 décembre 1812, il est décédé le 19 septembre 1867. Il avait épousé, le 23 septembre 1840, MarieAntoinette DE CHAMONT, dont postérité.

ARMES : *Écartelé : au 1er d'argent, à deux sautoirs de gueules et deux croisettes du même en chef; au 2e d'azur, au chevron d'or, accompagné de trois croisettes du même; au 3e d'or, au chevron d'azur, accompagné en pointe d'un lion de gueules, couronné d'argent, au chef de gueules, chargé d'un croissant d'argent accosté de deux étoiles du même, qui est de* CAIX; *au 4e d'azur, au lion d'or, couronné d'argent, armé et lampassé de gueules, qui est de* SAINT-AMOUR *(par corruption Saint-Aymour). Sur le tout : fascé de vair et de gueules, de six pièces, qui est de* COUCY.
CIMIER : *un lion issant de gueules, armé, lampassé et couronné d'argent.* — SUPPORTS : *un lion d'or, armé et lampassé de gueules, et un porc-épic d'or.* — DEVISE : *Fortior in adversis.*

CAMBIAIRE (JEANNE–ISOLINE–EUGÉNIE–MARIE DE CABIRAN, veuve du général Jean-Joseph-Alexandre-Amédée DE), créée marquise par bref du 14 mars 1876. Sa fille Jeanne-Berthe-Marguerite-Valentine DE CAMBIAIRE a épousé à Paris, le 20 octobre 1877, Simon-Victor-Paul-Joseph-Gabriel, baron DU SART DE MOLEMBAIS, veuf de Marie-Albertine-Louise de Briey, fils de Paul-Joseph-Marie et de Marie-Auguste-Henriette de Leuze.

ARMES DE CAMBIAIRE : *d'azur, semé de fleurs de lis et de molettes d'or, au lion couronné et lampassé du même, brochant sur le tout.*
ARMES DE CABIRAN : *d'or, au pin de sinople fruité du champ; au chef d'azur chargé de trois fleurs de lis d'or.* — TENANTS : *deux anges.* — DEVISE : *Virtus et honor.*

CAMBIS (DE). — Des lettres patentes du pape Clément IX, données en 1668, ont conféré le titre de MARQUIS DE VELLERON à François DE CAMBIS, qui épousa en 1653, Jeanne DE FORBIN, dont postérité. Cette maison est représentée de nos jours par Jacques-Marie-Melchior-Pierre, marquis DE CAMBIS-ALAIS, capitaine commandant de cavalerie, et par sa sœur, la comtesse Charles DES ISNARDS.

ARMES : *d'azur, au chêne posé sur une montagne de six coupeaux et soutenu de deux lions affrontés, le tout d'or.*

CARDEZ (BERTRAND-FERDINAND), né à Margaux, le 22 mars 1822, maire de la ville de Rions et directeur du Syndicat des marais des Queyries, La Bastide de Bordeaux, a été nommé officier d'Académie, commandeur de Saint-Grégoire-le-Grand, de Bolivar et de Libéria, chevalier du Saint-Sépulcre de Jérusalem; Médaillé de Mentana; correspondant de l'OEuvre apostolique et des Missions étrangères, etc., fut créé comte par bref de Sa Sainteté Pie IX, en date du 22 décembre 1876. Il a épousé Marie Eugénie Hélène GIZARD DE LA ROQUE, dont il a eu cinq enfants : Clotilde, Paul, Eugène, Bernard et Marie.

ARMES : *d'azur, à trois chardons d'or, 2 en chef et 1 en pointe, et quatre caractères chinois d'or mis en pal.* — (*Ces quatres caractères signifient :* SCEAU DE LA PROVINCE DE KOUY-TCHEOU.) — TENANTS : *Deux Chinois.* — DEVISE : *Pro sede Petri.*

CARMOY (ANTOINE-FRÉDÉRIC DE), créé comte par bref du 27 septembre 1859.

ARMES : *Écartelé : aux 1 et 4, d'azur, à la tour d'argent sommée de trois tourelles, maçonnée de sable, et soutenue d'une demi roue du même; au 2 et 3, d'or, au lion d'azur. Sur le tout : d'or, au bœuf de sable, accorné de gueules, qui est* DE BEUGRE. — DEVISE BRETONNE : *Doue Araok.*

CARON DE TROUSSURES (MARIE-LOUIS LE), frère du commandant des zouaves pontificaux tué à la bataille de Loigny le 2 décembre 1870; créé comte par bref du 20 septembre 1887, en souvenir et en récompense des éminents services rendus par son frère à l'Église et à la Papauté. Il est né le 5 juin 1829, du mariage de Toussaint Le Caron de Troussures, chevalier de Saint-Louis et de la Légion d'honneur, aide de camp du maréchal Soult, chef de bataillon, et de Marie-Louise-Jeanne-Pauline MOREL DE BONCOURT. Il a épousé, le 26 septembre 1865, Marie-Geneviève LOUET DE TERROUENNE, dont trois fils.

Ancienne famille, originaire de Compiègne, anoblie par lettres patentes données à Moulins, au mois d'août 1497, et maintenue lors des différentes Recherches de la noblesse. Des nombreuses branches qu'elle avait formées, deux seulement subsistent aujourd'hui : 1° celle des barons de Fleury ; 2° celle des comtes de Troussures.

ARMES : *d'azur, à trois besants d'or ; au chef cousu de gueules, fretté d'or.*

CASY (JOSEPH-GRÉGOIRE), vice-amiral (17 décembre 1845), sénateur de l'Empire, ministre de la Marine, grand officier de la Légion d'honneur (mai 1847), créé comte par bref de Sa Sainteté Pie IX, du 30 septembre 1853, à la suite de l'expédition française à Rome ; confirmé en France par décret du 5 mars 1859. Le comte Casy, né à Auribeau (comté de Nice), le 8 mai 1789, est décédé le 19 février 1862, laissant un fils : le comte René CASY.

ARMES : *d'azur, à deux ancres d'argent, passées en sautoir, à l'épée d'or, brochant sur les ancres, et trois étoiles d'argent rangées en chef.*

CÉCILLE (JEAN-BAPTISTE-THOMAS-AMÉDÉE), chevalier de Saint-Louis, vice-amiral, sénateur de l'Empire, créé comte par bref de 1849, confirmé en France par décret impérial de 1859. Il est né le 8 octobre 1787, et est décédé le 9 novembre 1873.

ARMES INCONNUES.

CHALANDON (M^gr Georges-Claude-Louie-Pie), officier de la Légion d'honneur, archevêque d'Aix-en-Provence, créé comte. Il est mort à Aix, le 28 février 1873.

ARMES INCONNUES.

HANDON DE BRIAILLES (JEAN-REMY-GABRIEL), chevalier des ordres de Charles III, de Saint-Étienne de Toscane et de Saint-Jean-de-Jérusalem, créé comte par bref de 1866. Né le 13 mars 1819, décédé en 1868. Il avait épousé, le 30 décembre 1852, Aurélie-Louise MICHEAU DE CHASSY. Il est frère aîné de Paul, qui suit.

CHANDON DE BRIAILLES (PAUL), chevalier de l'ordre de Saint-Jean-de-Jérusalem (Malte), commandeur de Saint-Grégoire-le-Grand, décoré de la croix *Pro Ecclesia et Pontifice*, créé comte par bref de Sa Sainteté Pie IX en date du 4 août 1876. Il est né le 20 avril 1821, et a épousé, le 24 janvier 1849, Marie DE MORDANT DE MAS-

siac, dont il a six enfants : 1º Raoul Chandon de Briailles, né en
1850, a épousé, le 27 novembre 1878, Marie-Louise-Blanche de
Clermont-Tonnerre. — 2º Gaston Chandon de Briailles, qui suit.
— 3º Marie Chandon de Briailles, mariée, le 27 octobre 1875,
à Arthur-Amédée vicomte de Maigret. — 4º Jeanne Chandon de
Briailles, mariée, le 1er mai 1876, à Gaston-Joseph-Octave baron
de Maigret, — 5º Hélène Chandon de Briailles, mariée, le 25 novembre 1885, à Charles-François-Marie Geoffroy comte d'Andigné
de la Blanchaye. — 6º Jean-Remy Chandon de Briailles, né le
30 octobre 1869.

CHANDON DE BRIAILLES (Gaston), deuxième fils de Paul comte
Chandon de Briailles ; né le 4 août 1852, conseiller général de la
Marne, créé comte par bref de 1882, a épousé, le 23 septembre
1884, Mlle Marie (Minnie) Re-Tallack-Garrison.

> Armes : d'argent, à la fasce de gueules, accompagnée de trois trèfles de sable. —
> Supports : deux lévriers d'argent, accolés de gueules. — Cimier : Un
> lévrier d'argent issant, tenant dans sa gueule une branche de trois
> feuilles de trèfle de sinople. — Couronne : de comte. — Devise : Fais
> ce que dois, advienne que pourra.

CHAUDORDY (N. de), né en 1781, président de chambre à la Cour
royale d'Agen, député jusqu'en 1848, créé comte par bref de 1846,
a eu pour fils :

CHAUDORDY (Jean-Baptiste-Alexandre-Damase de), né le 4 décembre
1826, ambassadeur, ancien député, commandeur de la Légion
d'honneur; comme héritier de son père, il a obtenu la confirmation du titre de comte, en France, en l'année 1874.

> Armes : d'or, au pairle d'azur.

CHAURAND (Jean-Dominique-Bruno-Amand), avocat à la Cour d'appel
de Lyon, député de l'Ardèche à l'Assemblée nationale de 1871,
grand croix de l'ordre de Charles III, commandeur des ordres de
Pie IX et de François 1er, chevalier de Saint-Grégoire-le-Grand,
décoré de la croix de Mentana, a été créé baron par bref de Sa
Sainteté Pie IX. Il a épousé : 1º Julie Serre, dont cinq enfants;
2º Athénaïs Malot, des comtes de Granier de Léchard.

> Armes : d'azur, à la croix alésée de gueules, bordée d'or et accostée de deux
> fleurs de lis du même; à la champagne d'argent, chargée d'une croi
> sette pattée suivie des quatre lettres S. P. Q. R., le tout de sable, rangé
> en fasce. Devise : Salus Deo Nostro. — Supports : Une branche
> d'olivier et une branche de chêne.

CHAUSSANDE (N. de), créé baron par le pape, souverain d'Avignon. La famille est représentée par Adrien baron de Chaussande, chef de bataillon au 144ᵉ de ligne.

ARMES : *d'azur, à trois bandes d'or ; au chef d'argent, chargé d'une étoile de sable.*

CHAUVEAU (Charles-Louis-Honoré de), ancien conseiller général, chef d'escadrons de cavalerie territoriale, créé comte, décédé sans postérité le 31 octobre 1889.

Il avait épousé Zenaïde Narischkine, veuve du prince Boris Youssoupoff.

ARMES : *d'azur, au léopard d'or, au chef d'argent, chargé de trois étoiles de gueules*

CHEYRON DU PAVILLON (Paul-Marie-Anne du), chevalier de l'ordre de Saint-Sylvestre, créé comte par bref du 13 janvier 1866. Il a épousé, le 30 janvier 1866, Mˡˡᵉ Élisabeth-Marie DE Couhé DE Lusignan, dont postérité.

ARMES : *d'azur, à trois rocs d'échiquier d'argent, posés 2 et 1. —* CIMIER : *Une aigle naissante portant dans son bec un rameau de laurier. —* DEVISE : *Cœlum non solum.*

CLERMONT-TONNERRE (Aimé-Marie-Gaspard, duc de), né en 1780, ministre de la Guerre, pair de France, démissionnaire en 1830, créé prince en 1823, avec transmissibilité de ce titre à tous ses descendants. Il avait épousé en 1811, Mˡˡᵉ Charlotte DE Carvoisin d'Achy, dont postérité actuelle.

ARMES : *de gueules, à deux clefs d'argent passées en sautoir.*

CLOT-BEY (Antoine–Barthélemy CLOT dit), né le 3 novembre 1793, docteur en médecine, créé comte par bref du 25 avril 1860, confirmé en France le 14 août de la même année. Il est mort le 28 août 1868.

ARMES INCONNUES.

COGNART D'AGORET (Henri), camérier de Sa Sainteté, créé comte par bref de 1887.

ARMES INCONNUES.

COLET (Mˢʳ Charles-Théodore), né le 30 avril 1806, archevêque de Tours, assistant au Trône pontifical, créé comte par bref du 15 décembre 1864, confirmé en France le 4 mars 1865, mort en 1883.

ARMES : *d'azur, au mouton d'argent en repos, surmonté d'une balance d'or. —* DEVISE : *Justitia et pax.*

COMBES (M<sup>gr</sup> Barthélemy-Clément), né le 29 septembre 1839, à
Marseillette (Aude), vicaire général d'Alger, évêque de Constantine
(17 février 1881), chevalier de l'ordre de Saint-Grégoire-le-Grand,
assistant au Trône pontifical, créé comte.

Armes : *de gueules, à la croix d'or, cantonnée au 1<sup>er</sup> et 4° d'un pélican d'argent
sur son aire au naturel* — Devise : *In hoc signo vinces.*

COMMAILLE (Baron de), marquis romain. Feu le baron Henri-
Élysée-Périclès de Commaille, fils d'Anne-Élie-Pierre-Jean, baron
de Commaille, et de Catherine-Josèphe Lopez de Gallo, chevalier
de la Légion d'honneur, de Malte, de Saint-Wladimir, de Saint-
Stanislas, pour services éminents rendus à l'Église, fut, par bref
de Sa Sainteté le Pape Grégoire XVI, créé marquis, commandeur
de Saint-Grégoire-le-Grand et commandeur de Saint-Sylvestre; il
recevait en même temps de Sa Sainteté un présent qui jusqu'a-
lors n'avait été fait qu'aux souverains : *la Porte Sainte* de Saint-
Jean de Latran. C'est un panneau de marbre orné d'une croix en
bronze doré qui clôt l'une des portes de la Basilique, et qu'on
descelle lors de l'ouverture des Jubilés. Sa Sainteté a attaché à l'orai-
son devant cette croix des indulgences considérables.

Sauf à Rome, lors d'une réception dans l'ordre de Malte, les barons
de Commaille ont négligé de porter leur titre romain, mais en souvenir de ce titre ils ajoutent dans le timbre de leurs armoiries la
couronne de marquis à celle de baron.

Armes : *Tranché de sinople et gueules, au lion d'or, armé et lampassé de
gueules, portant sur l'épaule un écu de sable à l'aigle d'argent, chargée en cœur d'un écusson d'azur, à trois mailles* (pièces de monnaie)
*d'or; au chef d'argent, chargé d'une couronne d'épines, accostée de deux
casques affrontés, le tout de sable.* Devise : *Nunc super cras infra.*

CORCELLES (Claude-François-Philibert TIRCUY DE), né à Marcilly
(Rhône), le 27 juin 1802, ancien ambassadeur de France à Berlin,
député de l'Orne à l'Assemblée nationale de 1848, fut chargé par le
gouvernement du général Cavaignac d'une mission diplomatique
auprès de S. S. Pie IX. Après la prise de Rome par l'armée française, en 1849, il concourut au rétablissement du pouvoir temporel
du pape, de l'ordre et de la paix dans la Ville Éternelle. En récompense de ses services, M. de Corcelles fut créé comte; ce titre a été
confirmé en France en 1859. Il a épousé M<sup>lle</sup> Mélanie de Lasteyrie.

Armes : *d'azur, à une fasce d'or.*

COSTA (François-Marie), natif de Bastelica (Corse), ancien médecin principal des armées françaises, officier de la Légion d'honneur, chevalier de l'ordre de Saint-Grégoire-le Grand, créé comte par le Pape Pie IX, en 1871, en souvenir des services rendus au corps français d'occupation pendant l'épidémie de choléra qui sévit à Rome en l'année 1854-1855.

Il a épousé, le 23 août 1862, M<sup>lle</sup> Marie-Dominique Pô, d'Ajaccio.

ARMES : *d'azur, à la tour d'argent, posée sur un mont du même et accostée de deux mouflons affrontés, au naturel; au chef cousu de gueules, chargé d'un caducée d'argent et d'un glaive du même, garni d'or, passés en sautoir et brochant sur une couronne de laurier d'or.* — DEVISE : *Patria et virtus.*

COULLIÉ (M<sup>gr</sup> PIERRE-HENRI), évêque d'Orléans, prélat de la Maison de Sa Sainteté, assistant au Trône pontifical, né à Paris le 14 mars 1829, créé comte.

ARMES : *de gueules, à un buste de Saint Nicolas d'or, nimbé du même et accosté des lettres capitales S. N. d'argent; au chef cousu d'azur à l'étendard de Jeanne d'Arc, sur lequel figure le Père Éternel accosté de deux anges agenouillés et les mots :* JÉSUS, MARIA. — DEVISE : *Obedentia et dilectio.*

COURTIN DE NEUFBOURG (JEAN-BAPTISTE-LUDOVIC DE), créé comte par bref du 31 août 1880, décédé le 29 septembre 1881, en son château de Beauvoir (Forez). Il a laissé postérité de son mariage avec Caroline GONON.

ARMES : *d'azur, à trois croissants d'or,* — CIMIER : *un lion naissant d'or.* — SUPPORTS : *deux lions d'or.* — DEVISE : *Fortis et fidelis.*

COUSIN (Elzéar-Joseph DE), agrégé à la noblesse du Comtat-Venaissin et créé comte, sans inféodation, par bref du pape, souverain du Comtat-Venaissin, en date du 17 avril 1789. Il était beau-frère du marquis de Sade.

ARMES INCONNUES.

COUSTANT D'YANVILLE (CHARLES-CÉSAR), conseiller à la Cour des Comptes, officier de la Légion d'honneur, né à Senlis, le 3 décembre 1795, créé comte en 1867. Il fut membre du Conseil d'arrondissement de Senlis et du Conseil général de l'Oise, de 1848 à 1853. Il avait épousé, le 21 juillet 1825, à Versailles, Henriette-Zoé DE SELLE, dont postérité.

ARMES : *Écartelé : aux 1ᵉʳ et 4ᵉ, de gueules, à trois fleurs de lis d'or, au franc quartier d'argent, chargé d'une molette d'éperon de sable; aux 2ᵉ et 3ᵉ, de gueules à l'arbre d'or, au chef d'argent chargé d'un croissant de sable.* — SUPPORTS : *deux lions.* — DEVISE: *A coustant labeur ne couste.*

**CROUY-CHANEL DE HONGRIE** (FRANÇOIS-CLAUDE-AUGUSTE, marquis DE), né le 31 décembre 1793, fils aîné de Claude-François, marquis DE CROUY-CHANEL DE HONGRIE, chevalier de l'ordre de Saint-Jean de Jérusalem, et de dame Marie-Charlotte DE BAGEL D'URFÉ, obtint, le 28 janvier 1848, du pape Pie IX, un bref lui accordant la naturalisation romaine, avec la qualification de PRINCE. Il est décédé à Paris, le 30 août 1873.

ARMES: *Fascé d'argent et de gueules de huit pièces.* — TENANTS : *deux guerriers armés de toutes pièces.* — CRI : *Jerusalem !* — DEVISES : *Sanguis regum Hungariæ* et *Crouy salve tretous.*

**CRILLON** (duc DE), voir BALBES DE BERTON.

ANIEL DE VAUGUION (Félix-Alexandre), créé comte, décédé au château de la Jupillière, près de Meslay (Mayenne) le 18 mai 1886, a épousé, le 19 janvier 1864, demoiselle Berthe Le Tourneux de la Perraudière, dont est issu : Guillaume-René Daniel de Vauguion, né le 25 septembre 1867.

ARMES : *de gueules, à la bande d'argent, chargée de trois molettes d'éperon de sable, et accompagnée de deux lions d'or, l'un en chef, l'autre en pointe.*

DAVID (Msr Augustin), né à Lyon, le 28 mars 1812, évêque de Saint-Brieuc et de Tréguier, officier de la Légion d'honneur, créé comte, assistant au Trône pontifical, décédé le 27 juillet 1882.

ARMES : *d'azur, à la tour d'argent (tour de David), battue par une mer de sinople et surmontée d'une étoile d'or. —* DEVISE : *Ruunt et stat.*

DEBELAY (Msr Jean-Marie Mathias), archevêque d'Avignon, né le 24 février 1800, décédé le 27 septembre 1863, créé comte par bref de 1857.

ARMES INCONNUES.

DELANNOY (Msr Victor-Jean-Baptiste-Paulin), chevalier de la Légion d'honneur, assistant au Trône pontifical, créé comte, né à Templeuve (Nord), le 21 juin 1824, nommé évêque de Saint-Denis (île de la Réunion) par décret du 10 février 1872, transféré au siège d'Aire par décret du 10 octobre 1876.

ARMES : *Coupé : au 1 d'azur, à une Vierge d'argent, à la treille d'or supportant les armes de l'église de Saint-Pierre de Lille, qui sont : parti au 1, de gueules à deux clefs d'or passées en sautoir ; au 2 d'or, à six rayons d'azur chargés en cœur d'un petit écusson d'or ; au 2, parti au 1 de gueules à deux trabes d'or passées en sautoir formant croix de Saint-André (armes de la paroisse de Saint-André de Lille) ; au 2 de sinople, à l'ancre d'argent. —* DEVISE : *Haec est spes nostra.*

DELPECH DE SAINT-GUILHEM (Amable), ancien trésorier général de la Sarthe, créé comte, a épousé demoiselle Léonce de Bourqueney.

ARMES : *d'azur, au chevron d'argent, accompagné de trois besants du même deux en chef et un en pointe.*

DESGRANGES (N.), secrétaire-interprète pour la langue turque, né le 24 décembre 1784, décédé le 29 février 1854, créé comte par bref du 28 août 1846, confirmé le 29 mars 1847, par Louis-Philippe.

ARMES INCONNUES.

DESPREZ (Mgr Julien-Florian-Félix), archevêque de Toulouse, cardinal, officier de la Légion d'honneur, né le 14 avril 1807, à Ostricourt (Nord), créé comte en 1858.

ARMES : *Coupé : au 1er de sinople, à l'ancre d'argent ; au 2e, de gueules, à la croix tréflée d'or, parti d'azur, aux lettres capitales **A** et **M** d'or entrelacées* — DEVISE : *Spes nostra firma.*

DILLON (Charles), chevalier de la Légion d'honneur, consul de France à Melbourne, puis ministre plénipotentiaire de 1re classe, résident supérieur en Annam et président de la commission de délimitation pour les frontières du Tonkin, créé comte, décédé à Paris, le 29 avril 1889. Il avait épousé, le 11 avril 1874, Ernestine-Marie-Adrienne Tirant de Bury.

ARMES : *d'argent, au lion léopardé de gueules, armé et lampassé d'azur, accompagné de trois croissants de gueules, deux en chef et un en pointe.*

DONCQUER DE T'SERROELOFFS (Hippolyte-Anne-Julien), ancien magistrat, créé comte par bref de Sa Sainteté Pie IX, en date du 25 septembre 1846. Il est décédé sans postérité.

ARMES : *Écartelé : aux 1 et 4 de sinople, à trois pommes de grenade d'argent ; aux 2 et 3 d'or, à la tour d'azur, posée sur une mer au naturel et dont est issant un fauconnier habillé de gueules, avec cuirasse et brassard, tenant sur sa dextre un faucon de sable ; sur la mer, à sénestre, un cygne d'argent nageant près la tour.* SUR LE TOUT : *de pourpre, à neuf billettes d'argent posées 4, 3 et 2.* — CIMIER : *Le fauconnier de l'écu.*

DONNET (Mgr Ferdinand-François-Auguste), cardinal-archevêque de Bordeaux, sénateur du second Empire, né le 16 novembre 1795, à Bourg-Argental. Il a été nommé commandeur de l'ordre de Saint

Grégoire-le-Grand et créé comte par bref de Sa Sainteté Grégoire XVI, en date du 7 février 1840. Il est décédé en 1883, grand'-croix de la Légion d'honneur, commandeur de l'ordre de Charles III d'Espagne.

ARMES : *d'azur, à la bande d'or, accompagnée en chef d'une rose au naturel, tigée et feuillée de sinople, et en pointe d'une tour d'argent maçonnée de sable et ouverte de gueules.* — DEVISE : *Ad finem fortiter, omnia suaviter.*

DUBREIL (M<sup>gr</sup> LOUIS-ANDRÉ), officier de la Légion d'honneur, créé comte, assistant au Trône pontifical, né à Toulouse, le 18 janvier 1808, évêque de Vannes (1861), archevêque d'Avignon, le 20 octobre 1863, y décédé le 13 janvier 1880.

ARMES : *d'or, au rameau d'olivier de sinople; tranché d'azur, à la croix d'or tréflée.* — DEVISE : *Pax in virtute.*

DUCROS (JOSEPH), ancien préfet du Rhône, né le 8 juin 1812 créé comte par bref de 1879.

ARMES INCONNUES.

DUFAUD DE LAGRANDMAISON (JEAN-BAPTISTE-CHARLES), né à Paris, le 29 mai 1820, créé comte en 1878.

ARMES : *de gueules, à trois fasces d'argent.*

DUFÊTRE (M<sup>gr</sup> DOMINIQUE-AUGUSTIN), évêque de Nevers, né le 27 avril 1796, créé comte par bref de 1860, décédé le 7 novembre 1860.

ARMES : *d'azur, au lévrier d'argent, portant dans sa gueule un flambeau et passant sur le sommet d'une sphère, le tout d'argent; au chef cousu de gueules, chargé de trois étoiles rangées d'argent.* — DEVISE : *Quid volo nisi ut accendatur.*

DUFRESNE DE SAINT-LÉON (ALEXANDRE-HENRI), créé comte. Il a épousé M<sup>lle</sup> Louise-Rogère PRÉBAN, dont : Arthur-Henri DUFRESNE DE SAINT-LÉON, lequel s'est marié le 10 juin 1883, à Berthe-Laurence-Louise-Marie DE VALON D'AMBRUGEAC, fille du comte Louis-Antoine-Charles-Marie d'Ambrugeac.

ARMES INCONNUES.

DUQUESNAY (Mgr ALFRED), évêque de Limoges, puis archevêque de Cambrai, chevalier de la Légion d'honneur, né à Roux, le 23 septembre 1814, créé comte en 1874, décédé en 1884.

>ARMES : *de gueules, à l'ange d'argent auréolé d'or, posé sur une terrasse de sinople, tenant de la dextre une épée d'or, et de la sénestre un livre du même, ouvert et marqué des lettres A et Ω de sable; l'ange surmonté d'une étoile d'or à six rais.* — DEVISE : *Gladius spiritus, verbum Dei.*

DURAND DE BEAUREGARD (CHARLES), créé comte par bref de 1884. Il a épousé, le 18 juin 1884, M<sup>lle</sup> Marguerite-Louise DE MORACIN.

>ARMES: *Mi parti: au 1 d'azur, au vaisseau équipé voguant sur une mer. le tout d'argent; au 2 d'or, au rocher de sable, mouvant du flanc sénestre et adextré en chef d'une étoile de gueules ; au chef d'argent, chargé d'une ancre de sable.*

DURRIEU (HENRI), receveur général des Finances, président du Conseil d'Administration des Chemins de l'Est-Algérien, commandeur de la Légion d'honneur, créé comte le 10 juin 1879, décédé à Paris le 10 février 1890. Neveu du baron Durrieu, lieutenant général, pair de France, grand-croix de la Légion d'honneur, il avait épousé M<sup>lle</sup> LACAVE-LAPLAGNE, fille du ministre des Finances, dont un fils : Paul, comte DURRIEU, conservateur-adjoint au musée du Louvre, lequel a épousé M<sup>lle</sup> DUCHAUSSOY, fille du baron Duchaussoy, conseiller à la Cour des Comptes, petite-fille du général de division baron Duchaussoy.

>ARMES : *Écartelé : aux 1 et 4, d'argent, à trois fasces ondées d'azur, qui est de* DURRIEU *; aux 2 et 3, coupé de gueules sur argent, à la fasce emmanchée d'argent sur gueules, brochant sur le tout, qui est de* HOFMANN.

MMERY (Georges-Louis), commandant d'état-major démissionnaire, chevalier de la Légion d'honneur, petit-fils de Jean-Marie baron Emmery, officier général, chevalier de la Légion d'honneur et de Saint-Louis, petit-neveu de Jean-Louis-Claude Emmery, comte de Grozyeulx, commandeur de la Légion d'honneur, sénateur et pair de France. Né le 9 juin 1842, créé comte par bref du 4 avril 1879. Il a épousé M<sup>lle</sup> d'André.

ARMES : *Écartelé : aux 1 et 4, d'azur, à trois chevrons d'or, à la bordure componée d'argent et de sable de vingt pièces; aux 2 et 3, de gueules, au lion passant couronné d'or, surmonté en chef à sénestre d'une étoile d'argent.* — DEVISE : *Leo vincit.* — SUPPORTS : *Deux lynx.*

ESPINE (DE L'), créé marquis par le pape, souverain d'Avignon.

Famille représentée par le marquis de L'ESPINE, à Momblan, et le marquis de L'ESPINE, à Avignon.

ARMES : *d'argent, à trois écussons d'azur, accompagnés de huit merlettes de sable, posées en orle.*

ESPIVENT DE LA VILLEBOISNET (Henri), né à Londres (Angleterre) de parents français, le 30 mars 1813, grand-croix des ordres de la Légion d'honneur, de Saint-Grégoire-le-Grand, de Charles III d'Espagne, officier de Saint-Georges de la Réunion de Naples, et de l'ordre de Savoie, général de division et sénateur de la Loire-Inférieure, a été créé comte par bref du 7 janvier 1876. Il a épousé Louise-Alexandrine-Cécile DE MONTIGNY LE BOULANGER, dont postérité.

ARMES : *d'azur, à trois croissants d'or, à la molette du même en abime.* — SUPPORTS : *deux griffons.*

ESPOUS DE PAUL (Charles-Étienne d'), né le 15 février 1823, créé comte par bref de S. S. le pape Pie IX, en date du 1<sup>er</sup> juin 1877 et autorisé en France, à porter ce titre héréditaire par décret du 25 septembre de la même année. Il a épousé, le 24 octobre 1855,

M^lle Louise-Charlotte-Fanny DE PAUL et a été autorisé, par décret
du 18 avril 1860, à joindre le nom de sa femme à son nom patro-
nymique et à s'appeler, à l'avenir : D'ESPOUS DE PAUL. De son mariage avec M^lle DE PAUL, sont issus trois enfants : 1º Charles-Gabriel-
Henri, vicomte D'ESPOUS DE PAUL, né le 22 mars 1859, époux de
M^lle Marie DE PUYSÉGUR; 2º Louise-Charlotte-Marie D'ESPOUS DE PAUL,
née le 4 septembre 1860, mariée au comte DE CABRIÈRES; 3º Phi-
lippe-François-Pierre D'ESPOUS DE PAUL, né le 22 décembre 1865.

ARMES: *Écartelé : aux 1 et 4, d'azur, au puits d'argent, surmonté d'une foi*
*d'or ; aux 2 et 3, d'argent, à la croix ancrée, surmontée d'une cou-*
*ronne murale, le tout de sable. Sur le tout : un écu d'azur, au chevron*
*d'or, accompagné en chef de deux coqs hardis et affrontés, et en pointe*
*d'une rose, le tout d'argent; au chef cousu de gueules, chargé de trois*
*étoiles d'or, qui est* DE PAUL. — SUPPORTS : *deux lions contournés.*
COURONNE : *de com'e.*

ARE (Gabriel-Anne-Henri, marquis de la), gentilhomme de la chambre du roi, en 1825, officier de la Légion d'honneur, fut créé duc romain, sous le pontificat de Léon XII. Il mourut en 1837 et avait épousé Eulalie d'Autric-Vintimille, dont Adolphe-Raimond-Abel marquis de la Fare, chef de sa maison, agronome et industriel, marié en 1841, à Clotilde de Nettancourt, d'une illustre maison de Lorraine, dont il a eu postérité, notamment : Maurice de la Fare et Paul de la Fare, zouaves pontificaux, en 1868.

ARMES : *d'azur, à trois flambeaux d'or, allumés de gueules, rangés en fasce.* — DEVISE : *Lux nostris hostibus ignis.*

FAVIER (Marie-Joseph-Arthur REYNAUD DE LA GARDETTE, marquis de), né à Bollène (Vaucluse) en 1840, autorisé, par décret du 27 juillet 1877, à relever les noms, titre romain et armes de la famille de Favier, qui lui ont été légués, à titre de fils adoptif, par son grand-oncle maternel, Henri-Joseph de Piellat, marquis de Favier, mort sans postérité, à Avignon, le 26 juin 1802. Le titre de marquis avait été octroyé, en 1788, par S. S. le pape à Henri-Joseph de Favier, auditeur, lieutenant général honoraire de la vice-légation d'Avignon et garde-sceau des bulles. Il a épousé : 1° le 4 novembre 1862, Isabelle de Valfons; 2° le 28 juillet 1877, Joséphine de Guilhermier, dont postérité.

ARMES : *Écartelé : aux 1 et 4, de gueules, à la bande d'or, chargée de deux pals d'azur et accostée de six étoiles d'argent rangées en fasce, 3 en chef et 3 en pointe; aux 2 et 3, de gueules, à la grue d'argent tenant sa vigilance d'or; au chef cousu d'azur, à trois bandes ondées d'argent.* — DEVISE : *Semper vigilans.*

FISCHER DE CHEVRIERS (Philippe), né le 8 juillet 1856, créé comte par bref de novembre 1876. Il a épousé, le 15 novembre 1876, Napoléone-Albine-Églé Marie Madeleine Lyonnette Fialin de Persigny, fille du duc de Persigny, et d'Églé-Napoléone-Albine Ney de la Moskowa.

ARMES INCONNUES.

FLORANS (N. DE), créé marquis par le pape, souverain d'Avignon.
La famille est représentée par Ludovic, marquis DE FLORANS,
marié : 1° en juin 1860, à sa cousine Léontine, fille de Galiot-Marie-
François DE MANDAT, comte de Grancey, et de Jeanne-Louise-Lau-
rette-Rachel-Eugénie de Cordoue, décédée en août 1867, au château
de la Roque, en Provence, sans laisser de postérité; 2° à Marie,
fille de Pierre-Charles-Marie-Victor JULLIEN, comte de Courcelles,
chevalier de la Légion d'honneur, dont : 1° Emmanuel-François de
Florans, né à Paris, le 12 octobre 1877; 2° Roger de Florans, né au
château de la Roque, le 2 mai 1879.

ARMES: *d'azur, au sautoir d'or, accompagné en chef et en flanc d'une étoile du
même, et en pointe d'un croissant d'argent surmonté d'une fleur de
lis d'or.*

FOATA (Mgr PAUL-MATHIEU DE LA), évêque d'Ajaccio, né à Azilone,
le 6 mai 1817, créé comte en 1879, prélat de la Maison de Sa Sainteté et assistant au Trône pontifical.

ARMES : *Écartelé : au 1er, d'azur, au lion d'or rampant contre une tour d'argent,
maçonnée de sable; au 2°, de gueules, à un château à deux tours
crénelées d'or, surmonté d'une balance d'argent; au 3°, de gueules,
à une colonne d'argent sommée d'une couronne comtale d'or; au 4°,
de sinople, à la croix de Calvaire de sable, soutenue à dextre par un
lion d'or et à sénestre par un agneau d'argent.* DEVISE : *Infirma
mundi elegit Deus.*

FONTENEAU (Mgr JEAN-ÉMILE), évêque d'Agen, archevêque d'Alby, né
à Bordeaux, le 14 août 1825; créé comte par bref du 30 avril 1876,
chevalier de la Légion d'honneur.

ARMES : *Écartelé : au 1er, de gueules, à deux clefs passées en sautoir d'argent
au 2°, d'or, au Sacré-Cœur de gueules, enflammé du même, entouré d'une
couronne d'épines de sinople, surmonté d'une croix de sable; au 3°,
d'or, au cerf élancé et contourné de sable; au 4°, de sinople, à l'ancre
d'argent; à la croix d'argent brochant sur l'écartelé.* — DEVISE : *Sicut
cervus ad fontes aquarum.*

FORCADE (Mgr THÉODORE AUGUSTIN), évêque de la Basse-Terre, puis de
Nevers, archevêque d'Aix. né à Versailles, le 2 mars 1816, officier
de la Légion d'honneur, créé comte le 20 décembre 1859, confirmé
en France le 18 août 1861, décédé en 1885.

ARMES : *Écartelé : au 1er, de gueules, au lion d'or; au 2°, d'azur, au lion
léopardé d'argent, accompagné en chef de dix losanges du même;
aboulés deux à deux et posés en fasce; au 3°, d'argent, à cinq carreaux
d'azur, mis en bande; au 4°, d'argent, à deux épées de gueules passées
en sautoir.*

FORTIA, marquis de Piles (Toussaint-Alphonse DE), aide de camp du maréchal de Villars, chevalier de Saint-Louis, né en 1714. Ce fut en sa faveur que le pape Pie VI, par bulle du 14 juin 1775, érigea la baronnie de Baumes en duché. Cette famille est éteinte depuis 1844.

ARMES: *d'azur, à la tour d'or, crénelée et maçonnée de sable, posée sur un rocher de sept coupeaux de sinople, mouvant de la pointe de l'écu.*

FOURNIER (Mgr FÉLIX), évêque de Nantes, né le 2 mai 1803, chevalier de la Légion d'honneur, créé comte en 1874, décédé en 1877.

ARMES : *de gueules, à la FAÇADE DE L'ÉGLISE SAINT NICOLAS d'or, au chef d'argent, chargé de cinq mouchetures d'hermine de sable, rangées en fasce.* — DEVISE : *Fratrum amator et populi Israel.*

FRUCHARD (ALBIN), chevalier de l'ordre de Saint-Grégoire-le-Grand, conseiller général de la Vienne. créé comte par bref de S. S. le pape Léon XIII du 28 mars 1890.

FRUCHARD (HENRY), né le 12 janvier 1867, officier d'infanterie, créé comte par le même bref du 28 mars 1890.

ARMES INCONNUES.

FRUCHAUD (Mgr FÉLIX PIERRE), archevêque de Tours, né à Trémontines (Maine-et-Loire), le 30 juillet 1811, créé comte en 1865, mort le 9 novembre 1874, prélat de la Maison de Sa Sainteté, assistant au Trône pontifical.

ARMES : *d'argent, à deux branches de chêne et de laurier de sinople passées en sautoir, cantonnées de quatre croisettes de gueules.* — DEVISE *Simpliciter et confidenter.*

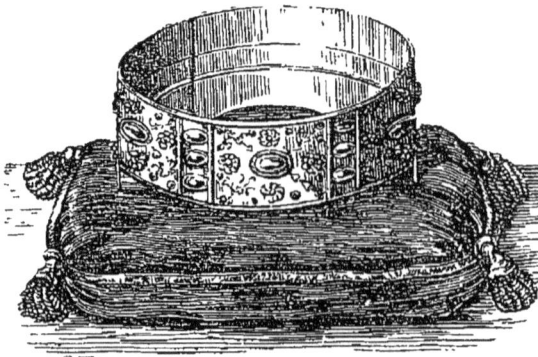

ALLÉAN (Louis-Charles-Henri, comte de), duc de Gadagne, né le 26 juin 1837, a été confirmé, par décret impérial du 14 janvier 1862, dans le titre héréditaire de duc de Gadagne, qui avait été conféré à ses ancêtres par une bulle papale du 30 novembre 1669. Il a épousé, en juin 1868, Mlle Caroline-Hélène Joest dont il n'a eu qu'une fille.

Armes : *d'argent, à la bande de sable, remplie d'or, accompagnée de deux roses de gueules.*

GALLIX DE MORTILLET (N.), ancien colonel, chef d'état-major de l'armée pontificale, créé comte. Il a épousé Mlle N. de Labareyre.

Armes : *Coupé : au 1er, d'azur, à un C et un G gothiques d'argent, rangés en face; au 2e, de gueules, à la croix ancrée d'argent.*

GALZ DE MALVIRADE (Jean-Pierre Édouard, baron de), né à Fauguerolles (Agenais), le 11 septembre 1781, occupa le poste de consul général de France à Saint-Pétersbourg du 29 octobre 1819 au mois de mai 1831, époque à laquelle ce poste fut supprimé. Il fut créé baron par lettres patentes de Charles X, en date du 3 août 1824, puis comte romain. Il était officier de la Légion d'honneur, commandeur de l'ordre de Saint-Vladimir de Russie et chevalier de l'Éperon d'or, et avait épousé, à Saint-Pétersbourg. le 30 juillet 1822, demoiselle Alexandrine de Swistounof, dont cinq filles parmi lesquelles la marquise de Bourdeille.

Le comte de Galz de Malvirade mourut au château de Malvirade (Lot-et-Garonne), le 15 juin 1843.

Armes : *Écartelé : aux 1 et 4, d'azur, au coq hardi d'or, crêté et barbé de gueules; aux 2 et 3, d'azur, au chevron d'or, accompagné de trois coquilles du même.* — Devise : *Constante animo.*

GALZAIN (Jean-François-Léopold de), ancien préfet de la Charente (1842), chevalier de la Légion d'honneur, né à Brest en 1796, créé comte par bref de 1866. Il est décédé à Paris, le 18 mai 1868, laissant : Pierre-Hippolyte-Joseph-Marie-Louis, comte DE GALZAIN, lequel épousa à Paris, le 9 avril 1883, Ernestine DE KERATRY, fille du comte Ernest de Keratry et de Conchita-Sinercia DE CABRERA.

ARMES : *d'or, à la croix de sinople, cantonnée de 18 billettes de sable, 5 aux 1 et 4; et 4 aux 2ᵉ et 3ᵉ cantons.*

GANDELET (Albert), camérier secret de cape et d'épée de Sa Sainteté Léon XIII, commandeur de l'Ordre de Saint-Grégoire-le-Grand, chevalier de l'Ordre de Saint-Sylvestre, né le 5 mai 1854, créé comte par bref du 14 avril 1885. Il a épousé, au château de Poligny (Ain), le 9 août 1890, Madeleine GAMET DE SAINT-GERMAIN.

ARMES. *Coupé : au 1ᵉʳ, de gueules, à l'étoile rayonnante vers la pointe, accostée de deux fleurs de lis, le tout d'or; au 2ᵉ, d'argent, à la main gantelée mouvant de la pointe de l'écu, tenant une masse d'armes, le tout de sable; à la fasce d'or brochant sur le tout.* — SUPPORTS : *deux lions.* — COURONNE : *de comte.* — DEVISE : *Fide et virtute.*

GASTE (DE). N. MAGNIN, créé marquis DE GASTE par bref du Pape, souverain du Comtat-Venaissin.

ARMES : *d'azur, au chevron d'or, accompagné de trois coquilles du même.*

GAUDEMARIS DE COPPOLA (DE). La famille DE GAUDEMARIS est originaire de Baumes, au Comtat-Venaissin et connue dès le Xᵉ siècle. Elle a donné de nombreux prélats à l'Église et des chevaliers aux Ordres de Saint-Michel et de Saint-Jean de Jérusalem, parmi lesquels on cite : Bernard de Gaudemaris, abbé d'Ainay-lez-Lyon, en 1121, et Imbert de Gaudemaris, chevalier, bailli d'Orange, en 1231. En l'année 1610, Laure DE COPPOLA DI PORTA NUOVA, arrière-petite-fille de François de Coppola, duc de Cézano, comte de Sarno et de Cariati, grand amiral du royaume de Naples, porta le nom et les biens des Coppola dans la famille DE GAUDEMARIS. Par bref du 9 mai 1775, enregistré aux livres des vidimats de la noblesse, le pape Pie VI, souverain du Comtat, a confirmé le titre de marquis, en faveur de son chef Antoine-Jérôme-Félix-Augustin, marquis DE GAUDEMARIS DE COPPOLA, chevalier des Anciens.

La famille est représentée actuellement par : 1° le marquis Pierre-Alphonse DE GAUDEMARIS, colonel d'État-major en retraite, et ses fils : Henry et René; 2° le comte Victor DE GAUDEMARIS.

ARMES : *d'or, au coq de sable, becqué et crêté de gueules, posé sur un mont de trois coupeaux d'azur, mouvant de la pointe; au chef d'azur, chargé de trois étoiles d'or.* — SUPPORTS : *deux lions contournés.* — DEVISE : *Non te negabo.*

GÉRAULT DE LANGALERIE (M<sup>gr</sup> Pierre-Henri), né à Sainte-Foy (Gironde), le 20 août 1810, issu d'une ancienne famille de Guienne, évêque de Belley, archevêque d'Auch, créé comte, décédé le 26 février 1886.

> Armes : *d'or, à la tour de sable, chargée en cœur d'une croix pattée d'argent, et accompagnée de trois étoiles de gueules.* — Devise : *Vince in bono malum.*

GERMAIN (M<sup>gr</sup> Abel-Anastase), né à Saint-Sylvain (Calvados) le 1<sup>er</sup> avril 1833, curé-archiprêtre de Bayeux, évêque de Coutances (19 novembre 1875), assistant au Trône pontifical, créé comte.

> Armes : *Écartelé : aux 1 et 4 de gueules, à la main bénissante de carnation posée en fasce sur un nimbe crucifère d'or et mouvante d'une nuée d'argent; aux 2 et 3, d'azur, à un M gothique d'argent, couronné du même; sur le tout : d'or, à un Saint Michel de carnation, vêtu de pourpre, foulant au pied un dragon de sable et le perçant de sa lance de gueules.* — Devise : *Auxiliante Deo.*

GIBERTY (Jean-Joseph), de Pernes, créé comte de Corregio, par bref de Clément XIII, souverain du Comtat-Venaissin, du 9 juin 1764.

> Armes inconnues.

GIRARD DU DEMAINE (Roger), officier d'académie, ancien député, ancien maire d'Avignon, né en 1837, créé comte par bref de septembre 1863. Il a épousé M<sup>lle</sup> de Rémusat.

> Armes : *Écartelé: aux 1 et 4, de gueules, au lion d'or; aux 2 et 3, d'azur, a cinq billettes d'argent. Sur le tout : d'or à la croix d'azur.*

GRAMONT (de), duc de Caderousse. — La terre de Caderousse a été érigée en duché par le pape Alexandre VII, le 18 septembre 1665, pour la maison d'Ancezune qui la laissa par héritage à la maison de Gramont de Vachères représentée par Emmanuel-Jean-Ludovic de Gramont, né en 1834, devenu duc de Caderousse le 28 septembre 1854, par la mort de son frère aîné à bord de *l'Artic*.

Marie-Philippe-Guillaume de Gramont fut appelé à recueillir le duché de Caderousse par succession d'un cousin maternel décédé en 1767. Son petit-fils Emmanuel de Gramont, duc de Caderousse, maréchal de camp, chevalier des ordres de Saint-Louis et de la Légion d'honneur, mourut en 1841. Par brevet du 20 décembre 1825, Charles X lui accorda, à sa mère et à sa femme Armande de Vassé,

« les honneurs du Louvre pour en jouir comme les autres ducs et duchesses de son royaume, le roi voulant faire jouir cette famille, considérable par sa naissance et par sa fortune, des mêmes avantages dont elle jouissait dans l'ancien comtat d'Avignon, aujourd'hui réuni à la France. »

ARMES : *d'or, au lion d'azur, armé et lampassé de gueules.*

GROS (M<sup>gr</sup> JEAN-NICAISE), évêque de Versailles, né le 7 octobre 1794, créé comte en 1855, décédé le 13 décembre 1857.

ARMES : *d'azur, à un Saint-Esprit d'or, essorant d'une champagne de sinople.*
DEVISE : *In labore requies.*

GUEULETTE (M<sup>gr</sup> FRANÇOIS-NICOLAS), chanoine de Saint-Denis, évêque de Valence, né à Moulins (Allier) le 8 janvier 1808, créé comte en 1866, chevalier de là Légion d'honneur, assistant au Trône pontifical.

ARMES : *d'or, au dextrochère de carnation mouvant d'un nuage d'azur et tenant une branche de muflier* (plante dite gueule de loup) *de gueules, tigée et boutonnée de sinople.* — DEVISE : *Os patet ad vos in Christo.*

GUIBERT (Joseph DE), né en 1657 à Carpentras, obtint vers 1692 du Pape, souverain du Comtat Venaissin, l'érection de la terre de Vaubonne en marquisat. Il mourut à Rome, en 1716, général de la cavalerie allemande. Sa fille unique porta le marquisat de Vaubonne à la famille BALBANI, dont le chef, mort sur l'échafaud révolutionnaire à Orange, en 1794, laissa pour héritiers ses neveux, MM. TRAMIER DE LA BOISSIÈRE.

ARMES : *d'azur, au gui de chêne d'or, fleuri d'argent, accompagné de trois étoiles d'or, 2 en chef et 1 en pointe.*

GUIGNÉ (GEORGES CHARLES-ALEXANDRE DE) fils de Jacques-Michel-Joseph Mathurin DE GUIGNÉ et de Désirée-Joséphine ABADIE, créé comte.
Il a épousé, le 27 mai 1888, M<sup>lle</sup> Emmeline PLAGINO, fille d'Alexandre PLAGINO et de Caroline-Emma MEHAY, à Marseille.

ARMES : *d'argent, à trois maillets de gueules, posés 2 et 1.* — SUPPORTS : *deux lions.* — COURONNE : *de comte.*

GUILHERMIER (DE), créé comte par bref du Pape Clément XIII, souverain du Comtat-Venaissin, en 1732, enregistré aux Archives apostoliques de la Légation.

Les représentants actuels de la branche titrée sont : le comte Albert de Guilhermier, époux de M^lle Court de Fontmichel, à Saint-Pierre-de-Sénos, commune de Bollène, (Vaucluse); le vicomte Paul de Guilhermier, à Olonne, et la vicomtesse Paul de Guilhermier, née de Rochegude, au château de Rochegude (Drôme); le vicomte Alphonse de Guilhermier, à Carpentras.

ARMES : *D'azur, à deux croissants entrelacés d'or en pal; au chef cousu de gueules chargé de trois étoiles d'argent.*

GUILLET DE CHATELLUS (Barthélemy-Marie-Ernest), chevalier de l'ordre de Saint-Grégoire-le-Grand, né le 15 février 1809, à Lyon, créé comte par bref du 15 décembre 1863, décédé le 26 février 1888, au château de Nogent, près de Montbard (Côte-d'Or). Il avait épousé, le 12 janvier 1835, Jeanne-Andrée-Valentine de Montherot, fille de François de Montherot (remarié en 1821 à M^lle de Lamartine, sa cousine et sœur du célèbre poète), et de Jeanne-Virginie Guénichot de Nogent.

ARMES : *de gueules, au chevron d'or, accompagné en pointe d'un lion du même, au chef d'or.*

APPEY (JACQUES), créé comte par bref du pape Pie VII, en date du 8 janvier 1819. Son fils Alexandre-Jacques HAPPEY, décédé en 1885, hérita de ce titre. et n'ayant pas d'enfants, obtint de S. S. le pape Pie IX, le 19 janvier 1877, l'autorisation de le transmettre à son neveu François-Gaston BARBIER D'AUCOURT (fils de sa sœur).

ARMES DE BARBIER D'AUCOURT : *d'or, au lion de sable, armé et lampassé de gueules; au chef d'azur, chargé d'une croisette d'or, accostée de deux molettes du même.*

HAUTECLOQUE (CONSTANTIN-GABRIEL DE), né à Arras, le 9 août 1788, créé comte par bref du 11 mai 1857, décédé le 23 mars 1884.

ARMES : *d'argent, à la croix de gueules, chargée de cinq coquilles d'or.*

HENNECART (JULES-JOSEPH), lieutenant de vaisseau en retraite, chevalier de la Légion d'honneur, créé comte, a épousé Mlle Marie-Félixine DE MACKAU. Il est décédé à Paris, le 21 mars 1884, à l'âge de 50 ans; laissant postérité.

ARMES INCONNUES.

HENRION (MATHIEU-RICHARD-AUGUSTE), né à Metz, le 19 juin 1805, mort à Paris, en septembre 1862, avocat à la Cour royale de Paris, membre correspondant de l'Académie de Metz et de la Société des sciences et belles-lettres de Nancy, créé baron par bref pontifical de S. S. Grégoire XVI, du 14 juillet 1837, autorisé à porter son titre en France par lettres patentes du 26 octobre 1838.

Il avait épousé Louise Françoise-Joséphine DE VAULX, décédée le 21 février 1869, laissant un fils unique : Joseph-Antoine, baron HENRION, mort à l'âge de 41 ans, le 14 mai 1873, étant directeur des postes du Vaucluse, à Avignon.

ARMES : *d'argent, à deux cornes de buffle de sable, posées en fasce, accompagnées de trois feuilles versées du même ; au chef d'azur, chargé de trois croisettes d'or.*

IRISSON D'HÉRISSON (Maurice d'), né à Paris le 25 septembre 1839, secrétaire d'ambassade, capitaine de mobiles, officier d'ordonnance du général Trochu pendant le siège de Paris, créé comte par bref du 1ᵉʳ octobre 1869.

> Armes : *de gueules, au hérisson au naturel sur une terrasse de sinople; au chef cousu d'azur, chargé de trois roses d'argent.* — Supports : *deux lions.* — Devise: *Qui s'y frotte s'y pique.* — Couronne: *de comte.*

ISNARDS (des). — Famille d'origine italienne, dont une branche s'est fixée en Provence, dès le ixᵉ siècle. Titrée dans le Comtat-Venaissin : barons de Brantes, 1508; barons de la Garde-Paréol, 1557; barons de la Roque-Alric, 1566; marquis des Isnards et de Nobleau, 1680; vicomtes de la Roche-de-Glun, 1750; ducs par bref du pape Benoit XIV du 15 janvier 1757.

Elle est représentée actuellement par :

1º Le marquis Charles des Isnards, époux de Marguerite de Cambis d'Alais, dont un fils : le comte Helen des Isnards, sous lieutenant au 4ᵉ dragons;

2º Le comte René des Isnards, époux, en premières noces, de Berthe Double, dont : le vicomte Charles des Isnards;

3º Le vicomte Helen des Isnards, marié à Octavie de Rouvière;

4º Le comte Siffrein des Isnards, chef d'escadrons au 9ᵉ hussards, époux de Mˡˡᵉ Marguerite Charmet.

> Armes : *d'or, au sautoir de gueules, accompagné de quatre molettes d'éperon d'azur.*

IVERNOIS (Eardely-Louis-Charles d'), créé comte par bref de 1868. Il a épousé Mˡˡᵉ Louise-Clémentine de Raymond, dont un fils unique : Louis-Raoul, comte d'Ivernois. Il est décédé le 13 novembre 1885.

> Armes: *d'azur, au chevron d'or, accompagné en chef de deux roses d'argent et en pointe d'un croissant du même.*

# ARMORIAL

JACOBÉ DE NAUROIS (Gabriel-Paulin), créé comte, a épousé M^lle Louise-Augustine de Cluzel, dont postérité.

> Armes : *d'azur, au fer de moulin d'argent, accosté de deux épis de blé d'or, les tiges passées en sautoir vers la pointe de l'écu.*

JACQUEMONT (François-Sauveur), ancien capitaine aux zouaves pontificaux, onze ans de service, trois campagnes, grièvement blessé à Mentana, officier de l'ordre de François I^er de Naples, chevalier de l'ordre de Pie IX, créé comte par bref du 7 mai 1872. Il a épousé M^lle Marie Briatte, dont une fille.

> Armes : *d'azur, au mont de six coupeaux d'argent, mouvant de la pointe ; au chef du même, chargé de trois étoiles d'azur.* Cimier : *un griffon issant.* — Supports : *deux griffons.* — Devise : *Ad alta vehit virtutem fides.*

JALLERANGE (de). — Voir SEGUIN DE JALLERANGE.

**JANVIER DE LA MOTTE** (Élie), né en 1798, conseiller à la Cour impériale d'Angers, député de Tarn-et-Garonne au Corps législatif, chevalier de la Légion d'honneur, créé comte par bref du 14 mars 1851, confirmé en France en 1859. Il est décédé le 14 mai 1869, laissant un fils : le comte N. Janvier de la Motte, chevalier de la Légion d'honneur, ancien préfet de l'Eure et député.

Armes : *d'azur, au vol d'argent.*

**JERPHANION** (Jean-Joseph-Marie-Eugène, baron de), né au Puy, en 1796, fils de Gabriel-Joseph, baron de Jerphanion, syndic du Velay, inspecteur général des contributions, préfet de la Lozère et de la Haute-Marne, officier de la Légion d'honneur, commandeur de l'ordre de Saint-Anne de Russie, et de Sophie de Giraud, fut évêque de Saint-Dié en 1834, archevêque d'Albi en 1840, où il est décédé en 1864. Il était officier de la Légion d'honneur, assistant au Trône pontifical et avait été créé comte. Mort en 1864.

Armes : *d'azur, au chevron d'or, accompagné en pointe d'un lis d'argent, tigé et feuillé de sinople ; au chef denché d'or, chargé d'un lion léopardé de gueules.* — Supports : *deux amphystères.* — Devise : *Fortiter, suaviter.*

**JOLY DE BAMMEVILLE** (Aimé), ancien secrétaire d'ambassade, créé comte par bref de 1883. Il a épousé M^lle Antoinette de Brettes-Thurin.

Armes. *Parti : au 1^er d'azur, à deux gerbes d'or, posées en pal ; au chef cousu de gueules, chargé de deux larmes d'argent ; au 2^e coupé : au 1^er, de sinople, au chef d'argent, chargé d'une épée de pourpre en fasce ; au 2^e, d'or, à la bande d'azur, chargée de deux coquilles du champ.*

**JOSSON DE BILHEM** (Émile), créé comte par bref du 1^er octobre 1886. Il a épousé, en octobre 1860, Henriette de Guigné, dont trois enfants : 1° Louis-Joseph-Henri-Emmanuel Josson de Bilhem ; 2° Marie Louise-Anna Josson de Bilhem, mariée à Édouard Le Monnier de Lorière, officier de cavalerie ; 3° Magdeleine-Marie Josson de Bilhem.

Armes : *d'azur, à trois cors d'argent, enguichés, virolés et embouchés d'or, posés 2 et 1.*

JOUENNE D'ESGRIGNY (Louis-Paul-Jean-René de). marquis d'Esgrigny, né à Alais le 15 mai 1812, créé comte. Il est décédé le 10 décembre 1883. Il avait épousé M^lle Dorothée-Marie-Joséphine Bruguier, de laquelle il a eu cinq enfants : 1° Joseph, né en 1845 ; 2° Louis, né en 1847, mort en 1880 ; 3° René, né en 1849 ; 4° Blanche, née en 1853, mariée, en 1880, à Louis Auvé d'Aubigny, capitaine au 127^e régiment territorial d'infanterie, avocat à la Cour d'appel ; 5° Marie, née en 1880.

> Armes · d'azur, à trois croisettes potencées d'or, posées 2 et 1. — Tenants : deux anges. — Couronne : de Marquis. — Devise : In hoc signo vinces. — Cri : Pius et fidelis.

JOVIN DES FAYÈRES (Aimé-Denis-Constant, baron), né le 28 août 1807, ancien secrétaire d'ambassade, chevalier de la Légion d'honneur, créé comte par bref de 1861, décédé à Florence le 28 avril 1884. Il avait été autorisé, par décret du 25 juin 1860, à ajouter à son nom celui de des Fayères. De sa femme, Émilie-Béatrix Tugnot de Lanoye, il a laissé une fille, mariée à Gérard-Joseph-Henri-Scipion-Donat-Roch–François-de-Paul-Camille Brancaccio, marquis de Rivello, fils du prince de Ruffano.

> Armes : d'or, au chevron de gueules, accompagné de trois têtes de paon au naturel.

KELLER (Émile), chevalier de la Légion d'honneur, ancien député du territoire de Belfort, président du Comité anti-esclavagiste français, créé comte par bref d'octobre 1890. Il a épousé M^lle Humann.

> Armes inconnues·

FIDELITATE ET ARMIS

ACROIX (Mᵍʳ Fʀᴀɴçᴏɪs). évêque de Bayonne, assistant au Trône pontifical, officier de la Légion
d'honneur, né le 16 novembre 1793 à Entraygues
(Aveyron), mort en 1880, créé comte en 1851.

Aʀᴍᴇs : *d'azur, à la croix haute d'or, chargée d'une couronne d'épines de sable.*

LAFOND (Nᴀʀᴄɪssᴇ-Aɴᴛᴏɪɴᴇ), pair de France, député, régent de la
Banque de France, créé comte, est décédé le 29 décembre 1866. Il
avait épousé Mélanie Hᴀʀʟᴇ́ ᴅ'Oᴘʜᴏᴠᴇ, sœur du pair de France,
dont il eut deux enfants :

1° Mélanie Lᴀꜰᴏɴᴅ, mariée à Adolphe Bᴀᴜᴅᴏɴ ᴅᴇ Mᴏɴʏ, morte
en 1853 ;

2° Le comte Edmond Lᴀꜰᴏɴᴅ, mort en 1875. De son mariage
avec Marie-Élise ᴅᴜ Tᴇᴍᴘʟᴇ ᴅᴇ Cʜᴇᴠʀɪɢɴʏ, il a laissé deux enfants :
A.-N. Lᴀꜰᴏɴᴅ, mariée à Louis de Pérusse, marquis ᴅᴇs Cᴀʀs.
fils du duc. — B. Le comte Louis Lᴀꜰᴏɴᴅ, chef actuel de la famille,

lequel a épousé : 1° Marguerite Bourgnon de Layre, fille du baron de Layre, morte en 1886, dont il a un fils : Christian-Edmond-Joseph Lafond ; 2° le 28 juin 1888, Claire de Manca de Vallombrosa, fille du duc de Vallombrosa et de Geneviève de Pérusse des Cars, dont un fils : Henri-Jean Lafond.

> Armes : *d'or, à la croix haussée, renversée de gueules, chargée de cinq besants d'argent.*

LAFONT (Louis-Charles-Georges-Jules), vice-amiral, grand-croix des ordres de la Légion d'honneur et de Pie IX, né à Fort-de-France (Martinique), le 24 avril 1825, créé comte par bref du 16 décembre 1867. Il a épousé, le 24 juillet 1860, M^lle Marie-Bernardine Goffart, dont un fils : Charles-Marie-Louis-Jules, comte Lafont, né à Versailles le 21 juin 1861, lieutenant au 66^me régiment d'infanterie, qui s'est marié le 25 septembre 1889 à M^lle Louise-Marie-Charlotte Budan de Russé.

> Armes. *Écartelé : aux 1^er et 4^me, de gueules, à la croix d'argent ; au 2^me d'azur, à l'épée haute d'argent garnie d'or, accompagnée de trois étoiles du même posées 2 en chef et 1 en pointe ; au 3^me, de sinople, à l'ancre d'or, liée du même.* — Supports : *deux lévriers d'argent ayant un collier d'or auquel est attaché un volet de gueules, à la croix d'argent.* — Devise : *Dieu et honneur.*

LANET (François Maurice de), colonel d'artillerie, fait chevalier de la Légion d'honneur à Solférino, officier de la Légion d'honneur à Gravelotte, commandeur le 27 décembre 1887 ; créé comte par bref de 1872, enregistré au sceau de France suivant décret du 25 septembre 1874. Il a épousé, le 11 février 1873, Marguerite de La Ville, dont il a eu deux fils.

> Armes : *de gueules, au taureau d'argent, onglé et accorné d'or.* — Supports *deux lions.* — Devise : *Ne dévie, ne faillit.*

LAPARRE DE SAINT-SERNIN (Frédéric de), officier aux zouaves pontificaux, blessé à Castelfidardo, chevalier des ordres de Saint-Grégoire-le-Grand et de Pie IX, décoré des médailles de Castelfidardo et de Mentana, commandeur de Charles III d'Espagne, a fait la campagne de 1870-1871 en qualité de capitaine commandant les cantons de Grisolles et de Verdun, ancien commandant territorial, a été créé comte par bref de 1877. Il a épousé Sophie de Barbot, petite-fille du lieutenant-général vicomte de Barbot, dont : 1° M^me de

Saint-Sauveur; 2° Théophile de Saint-Sernin, officier de cavalerie démissionnaire, maire de Nontron (Dordogne); 3° Fernand de Saint-Sernin, capitaine au 107ᵉ régiment d'infanterie de ligne; 4° Gérard de Saint-Sernin, cavalier au 17ᵉ dragons. Il s'est remarié à Léonie Desazars de Montgaillard (famille originaire de Lorraine et descendant de celle de Jeanne d'Arc), dont un fils : Olry de Saint-Sernin.

ARMES : *d'or, à l'arbre de sinople, terrassé du même, sommé d'une corneille de sable et une autre corneille du même posée à dextre et affrontée avec celle de l'arbre ; au chef de gueules, chargé d'un croissant d'argent, accosté de deux étoiles du même.*

LATIMIER DE CLISIEUX (Auguste-Marie-Prosper), trésorier-payeur général et régent de la Banque de France, officier de la Légion d'honneur, créé comte, a épousé Mˡˡᵉ Marie-Gabrielle de Malartic. Il est décédé à Saint-Brieuc, le 1ᵉʳ mars 1874, à l'âge de 76 ans.

ARMES INCONNUES.

LA TOUR DU MOULIN (Pierre-Célestin), membre du Corps législatif de 1853 à 1870, commandeur de la Légion d'honneur, né à Paris le 24 février 1823, créé comte par bref de 1878. Il est mort, le 23 février 1888, au château de Beauvoir, près Orléans.

ARMES INCONNUES.

LAURENCE (Mᵍʳ Bertrand-Sévère-Mascaron), évêque de Tarbes, né le 7 septembre 1790, décédé le 30 janvier 1870, créé comte en 1860.

ARMES INCONNUES.

LAURENTS ou DE LAURENS (Georges-Dominique DES), obtint du pape Clément X, par bulle du 13 juillet 1674, l'érection de la baronnie de Brantes en marquisat, dont il rendit hommage entre les mains du gouverneur du Comtat-Venaissin, à Carpentras, le 2 juillet 1680. Il avait épousé, le 15 janvier 1675, Louise-Thérèse de Lauris, dont postérité.

ARMES : *d'or, à deux palmes de sinople, adossées et posées en pal.*

LAVEDAN (Hubert-Léon), publiciste, né à Tours, en juin 1826, créé comte en avril 1880.

ARMES : *d'argent, à trois oiseaux de sable.*

LAVENAY (Victor de), président de section au Conseil d'État, commandeur de la Légion d'honneur, créé comte, décédé le 5 septembre 1889. Il avait épousé M^lle Emma GAILLARD DE KERBERTIN, dont une fille.

ARMES INCONNUES.

AVIGERIE (M^gr Charles-Martial ALLEMAND), né à Bayonne le 31 octobre 1825, cardinal, archevêque d'Alger, archevêque de Carthage, primat d'Afrique, délégué apostolique pour les Missions du Sahara, du Soudan, de l'Afrique équatoriale et de Sainte-Anne de Jérusalem, prélat de la Maison du pape Léon XIII, membre de la Propagande, commandeur de la Légion d'honneur, créé comte en avril 1863.

Le cardinal LAVIGERIE, élève de Saint-Sulpice, débuta comme professeur d'histoire ecclésiastique à la Sorbonne.

A la suite des massacres de Syrie, il partit en mission pour ce pays, et commença à devenir très en vue.

En 1863, il était nommé évêque de Nancy; et en 1867, il allait occuper le siège d'Alger qui fut alors érigé en archevêché.

La famine ayant sévi cruellement en Algérie durant l'année 1871, M^gr Lavigerie fit les plus grands efforts pour soulager les misères, recueillit les enfants, les plaça dans des fermes, plus tard pourvut à leur établissement, les maria même, enfin fonda le village et l'hôpital de Saint-Cyprien-des-Attafs.

A la même époque, il se présenta sans succès aux élections législatives dans les Basses-Pyrénées, puis dans les Landes.

En 1874, il fondait la mission du Sahara et du Soudan, suivie de celles du lac Nyanza, du Congo, etc. Ses missionnaires s'établirent aussi en Tunisie.

Élevé au cardinalat en 1882, il vint se fixer à Tunis où il entreprit de remplacer les moines italiens et maltais par des prêtres français.

Enfin, en 1888, il commença son œuvre anti-esclavagiste qui est devenue aujourd'hui une question d'humanité et de civilisation.

ARMES : *d'azur, au pélican d'argent sur son aire au naturel, à la bordure d'argent.* — DEVISE : *Charitas.*

LAZERME (JACQUES-LOUIS-CHARLES), né en 1816, membre du Conseil général des Pyrénées-Orientales, de 1848 à 1863, créé comte, décédé à Perpignan, le 22 juin 1884. Il avait épousé M^lle Charlotte DE LON DE MAROULS, dont trois enfants :

1° Thérèse LAZERME ;

2° Marie LAZERME ;

3° Joseph, comte LAZERME, né en novembre 1846, qui a épousé, en 1871, Marie-Hélène PENJEARD DU LIMBERT, fille du baron de ce nom, ancien préfet, petit fils du maréchal comte JOURDAN, dont la famille est alliée à plusieurs maisons princières d'Italie. Il a de cette union : Charles LAZERME, né en juillet 1873.

La famille LAZERME, en Roussillon, est originaire du Languedoc, où la branche aînée s'est éteinte au siècle dernier. La branche cadette est issue de Pierre LAZERME lequel se fixa à Perpignan, et dont un des descendants Pierre LAZERME fit enregistrer les armoiries de sa famille dans l'*Armorial général officiel de 1696.*

ARMES : *d'argent, au chef losangé d'or et de sinople.*

LE BAULT DE LA MORINIÈRE (RENÉ-LOUIS-ÉMILE), créé comte par bref du 5 juillet 1870.

Il a épousé M^lle Marie-Charlotte-Renée DE LA FOREST D'ARMAILLÉ, fille aînée du marquis d'Armaillé, dont deux fils et trois filles.

ARMES : *d'argent, au cerf passant de gueules.* — DEVISE : *Quò Deus et honor citius.*

LEBEUF DE MONTGERMONT (VOIR DE MONTGERMONT).

LE CAMUS (FRANÇOIS-LOUIS-ÉMILE), ancien directeur de la Revue d'économie chrétienne LE CONTEMPORAIN, ancien attaché au ministère des affaires étrangères, chevalier de la Légion d'honneur, créé comte par bref du 16 juillet 1889.

ARMES : *d'azur, à la montagne au naturel mouvante de la pointe de l'écu, sommée d'un coq d'or et surmontée de deux tours du même ; au chef cousu de gueules, chargé d'une marguerite d'argent, accostée de deux fleurs de lis d'or.*

LECOINTRE (ARSÈNE-MARIE-GABRIEL-CHARLES), né à Poitiers, le 12 avril 1839, a épousé Mᴸˡᵉ Marie-Louise MARAIS DE FLERS, qui lui a donné sept enfants, parmi lesquels deux fils : 1° Léon, né le 26 juillet 1868, sous-lieutenant d'infanterie ; 2° Charles, né le 17 janvier 1870 ;

LECOINTRE (LOUIS), ancien député de la Vienne, époux de Mˡˡᵉ ROUIL ;

LECOINTRE (PIERRE), membre du Conseil général d'Indre-et-Loire, époux de Mˡˡᵉ DE LA MARRE ;

LECOINTRE (ADRIEN), époux de Mˡˡᵉ DE BEAUMONT ; tous quatre fils de M. Gérasime LECOINTRE DUPONT, ont été créés comtes par brefs de S. S. le pape Léon XIII, en date du 28 mars 1890, en récompense des services rendus à l'Église et à la cause catholique par leur père, décédé à Poitiers, le 25 septembre 1888.

ARMES : *d'azur, à un pal d'argent chargé d'un lion de gueules, à un chevron d'or brochant et accompagné en chef de deux roses d'argent et en pointe de deux épées d'or, la pointe en bas.*

LE FÉBURE (LÉON), chevalier de la Légion d'honneur, ancien député, administrateur de la Compagnie de l'Est, créé comte.

ARMES INCONNUES.

LE FEBVRE (LAURENT-LÉON, baron), receveur général à Lyon, officier des ordres de la Légion d'honneur et des SS.-Maurice-et-Lazare, chevalier de l'ordre de Saint Grégoire-le-Grand, etc., créé comte par bref du 13 avril 1856, a épousé Mˡˡᵉ Mélanie Le Fevre le Conte du Rouy, dont : Louis Laurent Maxence, baron Le Febvre, comte romain, chevalier de l'ordre de Saint-Grégoire-le-Grand, né le 7 mai

1825, qui s'est marié, le 22 janvier 1862, à M<sup>lle</sup> Marguerite Vincent de Vaugelas.

> Armes : *d'azur, au pélican d'or, posé sur son aire; au chef cousu de gueules, chargé de trois besants d'argent.*

LEFEBVRE DE BÉHAINE (Édouard–Alphonse), ambassadeur de France près le Saint-Siège, né le 31 mars 1829, commandeur de la Légion d'honneur, créé comte par bref de janvier 1870, a épousé M<sup>lle</sup> N. Masson, dont un fils.

> Armes inconnues.

LE GENDRE (Joseph-François-Alcide), né en 1815, créé comte par bref du 20 août 1889, a épousé, en mars 1844, M<sup>lle</sup> Marie-Herminie de Lajallet, dont un fils unique : Charles-Eutrope-Henri, vicomte Le Gendre, né le 14 novembre 1845, marié le 20 février 1878, à M<sup>lle</sup> Louise de Chabre, dont deux enfants.

> Armes: *Ecartelé : au 1<sup>er</sup> et 4<sup>e</sup>, de sinople, au pélican d'argent dans son aire, au chef d'argent, au 2<sup>e</sup> et 3<sup>e</sup>, d'azur, à une fasce d'argent, accompagnée de trois bustes de pucelles du même, chevelées d'or, posées 2 en chef et 1 en pointe.* — Couronne : *de comte.* — Devise : *Qui a des filles a des gendres.* — Alias : *Jusqu'à mourir pour ce que j'aime.*

LE GONIDEC DE PENLAND (Yves), créé comte, a épousé M<sup>lle</sup> Marguerite-Pauline-Anne-Marie Pineau de Viennay.

> Armes : *d'argent à trois bandes d'azur.* — Devise: *Joul Doué.* (La volonté de Dieu.)

LE HARDY DU MARAIS (M<sup>gr</sup> Jules-Denis), évêque de Laval, assistant au Trône pontifical, né à Valenciennes (Nord) le 7 janvier 1833, créé comte par bref de 1878, décédé le 20 juin 1886.

> Armes : *de sable, semé de billettes d'or, au lion du même, armé, lampassé et couronné d'argent, brochant sur le tout.* — Supports: *deux aigles de sable, becquées et membrées d'or.* — Cimier : *un sauvage.* — Couronne: *de comte.* — Devises: *Nec fortior alter et Omnia et in omnibus Christus.*

LE LORGNE D'IDEVILLE (Henri Louis-Amédée), né au château de Saulnat (Puy-de-Dôme), le 16 juin 1830, préfet d'Alger, secrétaire d'ambassade à Rome, chevalier de la Légion d'honneur, créé comte par bref du 23 novembre 1866, décédé. Il a épousé, en 1863, M<sup>lle</sup> Marie-Thérèse CHAVANNES, dont il a eu plusieurs enfants.

ARMES : *parti : au 1<sup>er</sup>, échiqueté de gueules et d'or : au 2<sup>e</sup>, d'or, à trois vols de sable, posés l'un sur l'autre en pal.*

LE MAIGNAN DE LA VERRIE (HENRI-FERDINAND), créé comte par bref de S. S. Pie IX, du 12 juillet 1861, a épousé M<sup>lle</sup> E. PEPIN DE BELLISLE, dont postérité. Il est issu d'une ancienne famille de Bretagne, maintenue dans sa noblesse aux réformations de Bretagne, à l'intendance de Tours et par arrêt du Conseil.

ARMES : *de gueules, à la bande d'argent, chargée de trois coquilles de sable.*

LE MÉE (M<sup>gr</sup> JACQUES-JEAN-PIERRE), évêque de Saint-Brieuc, né le 23 juin 1791, décédé le 1<sup>er</sup> août 1859, créé comte en 1852.

ARMES : *d'azur, à la croix terrassée et alésée d'or, rayonnante du même, chargée au pied de deux ancres d'argent, en sautoir.* — DEVISE : *Ecclesiæ securitas.*

LE MESRE DE PAS (CHARLES-JOSEPH-ALFRED), créé comte par bref du 2 octobre 1860, confirmé en France le 4 août 1874, a épousé M<sup>lle</sup> Idalie VERMEULEN, fille du baron J.-B. VERMEULEN et de la baronne Mélanie DONS DE LOVENDEGHEM, dont postérité. Le titre de comte lui a été conféré après la mort de son frère Mizaël LE MESRE DE PAS, qui a été la première victime de la bataille de Castelfidardo.

ARMES : *De gueules, à trois quintefeuilles d'argent.*

LESTERPS DE BEAUVAIS (HENRI-FÉLIX-SUZANNE DE), chef d'escadrons d'état-major auxiliaire pendant la guerre franco-prussienne de 1870, chevalier de l'ordre de la Légion d'honneur, a été créé comte par bref du 1<sup>er</sup> octobre 1878, en récompense des services rendus par ses ancêtres à la cause de l'Église catholique et romaine, en souvenir d'un LESTERPS, dernier seigneur abbé de l'abbaye royale du Dorat, et aussi secrétaire général de la Grande-Aumônerie de France et pour honorer le lien de descendance qui existe entre lui et sainte Suzanne de la Pomélie, en Limousin, béatifiée. Il a épousé, le 21 avril 1863, M<sup>lle</sup> Berthe Jeanne-Julie-Clotilde BONTUS D'ARGÉVILLE dont un fils unique : Robert-François-Suzanne DE LESTERPS DE BEAUvais, né le 19 janvier 1864, officier de cavalerie, décoré de l'Ordre du Nichan (4ᵉ classe) et d'une médaille du Gouvernement pour acte de courage et de dévouement.

ARMES : *d'azur, à la souche d'arbre d'or arrachée, portant deux rameaux du même.* — DEVISE : *Stirps nobilis non deficit.*

LEUILLIEUX (Mᵍʳ FRANÇOIS DE SALES-ALBERT), archevêque de Chambéry, né à Saint Omer (Pas-de-Calais), le 17 décembre 1823, créé comte par bref de 1880, prélat assistant au Trône pontifical.

ARMES : *d'azur, à une figure représentant la Foi, vêtue d'argent, la face à demi voilée, auréolée d'or, accostée de deux agneaux d'argent, élevant de la main dextre une alice d'or surmonté d'une hostie d'argent, rayonnante d'or, et tenant de la main sénestre une croix de Calvaire d'argent, le tout posé sur un quart de globe au naturel.* — DEVISE : *In fide et lenitate.*

ARMOIRIES DU CARDINAL MASSIMO

ABILE (M^gr JEAN-PIERRE), évêque de Versailles, assistant au Trône pontifical, comte, décédé à Rome, le 8 mai 1877, à l'âge de 76 ans.

ARMES INCONNUES.

MAGNY (CLAUDE DRIGON DE), chambellan du Grand-Duc de Toscane, juge d'armes de l'ordre de Malte, fondateur du Collège héraldique de France, grand-croix et commandeur des ordres du Christ, de Saint-Georges, de Charles III, de Stanislas, de la Couronne de Chêne, de Saint-Sylvestre, des Guelfes, de Henri-le-Lion, du Sauveur, de François I^er, chevalier de Malte, etc., créé marquis par bref de S. S. Grégoire XVI, en date du 16 septembre 1845; né en 1796, il est décédé en 1879.

Son fils : Achille-Ludovic, MARQUIS DE MAGNY, né le 10 février 1826, directeur-fondateur des Archives de la Noblesse, commandeur de Saint-Grégoire-le-Grand et de Constantinien de Naples, officier du Medjidié, chevalier de Malte, de François Joseph d'Autriche, des S.S. Maurice et Lazare, de la Couronne d'Italie, du Sauveur, de la Conception, de Henri-le-Lion, a pour fils unique : Ludovic Roger-Gaston, né le 6 décembre 1859, adjudant au 4e dragons.

ARMES : *d'or, à la bande d'azur, chargée de trois étoiles d'argent, accompagnée en chef d'une tête de Maure de sable tortillée d'argent, et en pointe d'une tête de lion arrachée de gueules, au chef de gueules, à la croix d'argent.* — SUPPORTS : *deux lions.* — COURONNE : *de marquis.* — DEVISE : *Nec devio nec retrogradior.*

MAINGARD (ARTHUR-ANDRÉ-JOSSELIN), né à Paris, le 10 octobre 1837, avocat à la Cour d'appel de Paris, créé comte par bref du 16 décembre 1873, a épousé, le 9 avril 1872, demoiselle Marie-Françoise CRETTÉ DE PALLUEL, dont le frère, M^gr Ernest-Louis CRETTÉ, baron DE PALLUEL, prélat romain, était camérier secret de S. S. le pape

Pie IX, dont : 1° Josselin-Jean, né à Paris, le 22 janvier 1873;
2° Alain-Honoré-Albert, né à Paris, le 21 avril 1874.

Très ancienne, riche et influente famille de Bretagne, ayant puissamment contribué à peupler Saint-Malo. Son histoire se trouve intimement liée à celle de cette ville. Guillaume MAINGARD ratifie, le 7 octobre 1384, l'amende honorable faite par les bourgeois de Saint-Malo au duc Jean IV. Jacques MAINGARD épouse Gillette EBERARD, fille de Josselin Eberard, seigneur du Pont-Saphaire, lequel fut témoin de la fondation de l'église de Saint-Malo de Dinan en 1489. Denise MAINGARD eut l'honneur de tenir en grande pompe sur les fonts de baptême un des princes canadiens ramenés en France par Jacques Cartier lors de l'expédition au Canada de 1535. Faby-Jean MAINGARD épouse le 9 février 1572, Servanne LE GOUVERNEUR, nièce de messire Guillaume le Gouverneur, l'illustre évêque de Saint-Malo. Messires Alain MAINGARD, seigneur de Saint-Guynou, et Jehan MAINGARD, seigneur de Catenabat, chanoines de Saint-Malo et Dol en 1580. Claude MAINGARD, née à Dinan le 11 janvier 1588, religieuse de Sainte-Claire. Hélène MAINGARD, née à Dinan, le 23 mars 1589, en religion, Très Révérende mère du Saint-Esprit, fondatrice en 1620 et supérieure du célèbre couvent des Ursulines de Dinan et de Lamballe. Marie MAINGARD, dame de la Hamelinais, fait le 1er avril 1638 de grandes libéralités à l'Hôtel-Dieu de Saint-Malo, aux Bénédictins du monastère de Césambre. Anne-Catherine MAINGARD, religieuse du monastère de la Visitation à Rennes, le 29 janvier 1693. Rose-Jeanne MAINGARD, laissa ses biens le 24 mars 1816, pour rétablir dans la maison de la Victoire, à Dinan, la congrégation des Ursulines de Saint-Charles, fondée en 1620, par Hélène MAINGARD, et dont le monastère avait été détruit pendant la Révolution. Josselin-Julien MAINGARD, capitaine de vaisseaux de la Compagnie des Indes, capitaine des brûlots de S. M. Louis XV, se fixa à l'Ile-de-France en 1750. Josselin-Jean MAINGARD, colonel d'artillerie, chevalier de Saint-Louis et de la Légion d'honneur, lors de la prise de l'île-de-France, en 1810, tira le dernier coup de canon contre les Anglais et fut nommé chef de bataillon d'artillerie sur le champ de bataille par le général Decaën. La colonie reconnaissante lui a élevé une statue à l'île de la Réunion, comme fondateur du lycée en 1819. Il épousa le 31 octobre 1786, Antoinette-Julie de BARRY, fille de Balthazar de Barry et de Marie-Madeleine de la Roche du Ronzet, nièce de Françoise et de Madeleine-Gabrielle de la Roche du Ronzet, toutes deux abbesses de l'Eclache, en Auvergne, de 1692 à 1782, et de Madeleine et de Renée-Claudine de la Roche du Ronzet, prieure et religieuse de l'Eclache.

Paul-Marcelin MAINGARD, officier d'artillerie, épouse le 24 mai 1820, Suzanne-Marie-Thérèse de RICQUEBOURG-BOISCOURT, cousine germaine de M^me de Bernardy de Sigoyer Le Vavasseur, dont le fils, le Très Révérend Père Frédéric Le Vavasseur devint supérieur général de la Congrégation du Saint-Esprit et du Saint-Cœur de-Marie.

Il a eu pour fils : Arthur-André-Josselin, comte MAINGARD, rapporté ci-dessus.

ARMES : *d'or, à une fasce de gueules, et un chêne arraché de sinople brochant sur le tout, fruité de deux glands d'or pendants sur la fasce.*

## MALHERBE DE MARAIMBOIS (GUSTAVE-HENRI), chef de bataillon dans l'armée territoriale, chevalier des ordres de la Légion d'honneur et du Medjidié, etc., créé comte par bref du 20 avril 1880. Il a épousé, le 12 octobre 1859, Isoline-Marie-Constance-Edme D'HOUDETOT, qui lui a donné trois enfants.

ARMES : *d'azur, au pommier d'or terrassé du même; au chef d'or, chargé de deux étoiles de gueules; au franc quartier de gueules chargé de deux clefs d'or, passées en sautoir.* — SUPPORTS: *deux lions.* — CIMIER : *un dextrochère armé, tenant une épée d'argent.*

## MARSY (ALEXANDRE-CHARLES-ARTHUR DE), né le 4 septembre 1843, à Doullens, ancien élève de l'École des chartes, conservateur du musée de Compiègne, officier d'académie, chevalier des ordres de Saint-Grégoire-le-Grand, du Saint-Sépulcre, de Saint Olaf de Suède, de Charles III d'Espagne, etc., créé comte par bref de 1876.

ARMES INCONNUES.

## MARTIN (M^gr AUGUSTIN-DAVID), évêque de Saint-Brieuc, créé comte, décédé en 1882.

ARMES INCONNUES.

## MARTINET (JEAN-LOUIS-JOSEPH), ancien sous-préfet, créé comte par bref en date du 14 mai 1880, a épousé Marie-Agathe-Eugénie, née comtesse DE LA VAULX.

Famille originaire de Lorraine et noble d'extraction. Sur preuves faites en 1577 et enregistrés à l'héraulderie de Nancy, il est établi que Didier MARTINET, vivant en 1440 et qui commence la filiation, était issu d'anciens gentilhommes.

ARMES : *d'azur, à trois chevrons d'or brisés, accompagnés de trois martinets d'argent, posés deux en chef et un en pointe.* — Couronne : *de marquis.*

MARTRE (CALIXTE-GABRIEL-ALBERT DE LA), attaché à l'ambassade française près le Saint-Siège, comte.

Il est décédé à Rome, le 16 février 1878, à l'âge de 23 ans.

ARMES INCONNUES.

MASLATRIE (JACQUES-MARIE-JOSEPH-LOUIS DE), membre de l'Institut, officier de la Légion d'honneur, né à Castelnaudary, le 9 avril 1815, créé comte par bref du 17 août 1875.

ARMES : *de gueules, à la tour d'or, maçonnée de sable; au chef cousu d'azur, chargé de trois étoiles d'or.*

MENJAUD (Mgr ALEXIS-BASILE), évêque de Nancy, archevêque de Bourges, premier aumônier de l'Empereur, né le 1er juin 1797, créé comte par bref de 1857, décédé en 1861.

ARMES : *d'azur, au JÉHOVAH (œil de Dieu) d'or, au chef cousu de gueules, chargé de trois étoiles d'argent.* — DEVISE : *Beatus quem eligisti assumpsisti.*

MERY DE LA CANORGUE (JOSEPH DE), obtint en sa faveur l'érection du fief de la Canorgue en comté, par bref du pape Benoît XIV, le 24 avril 1747, enregistré aux archives du roi, en Provence, le 17 novembre suivant.

Il était issu de Gabriel MERI, lequel quitta l'Italie vers le commencement du xvie siècle, pour s'établir dans le Comtat-Venaissin.

Cette famille s'est fixée à l'île de Guadeloupe. Elle est représentée en France par M. Jean DE MÉRY DE LA CANORGUE, receveur des domaines, fils d'un intendant militaire en retraite, commandeur de la Légion d'honneur, lequel a épousé, le 8 mars 1886, Marie-Louise BIGOT DE LA TOUANNE, fille du vicomte Arthur de la Touanne.

ARMES : *d'argent, au dauphin de sable, sur une mer de sinople; au chef d'azur chargé de trois étoiles d'or.*

**MERLES** (N. de), créé marquis de Beauchamp par bref du Pape, souverain du Comtat-Venaissin.

ARMES: *d'or, à cinq molettes de sable, posées en sautoir.*

**MEUNIER DU HOUSSOY** (Georges), né le 9 août 1859, créé comte par bref du 22 novembre 1885.

ARMES: *d'or, à cinq châteaux de gueules, maçonnés de sable, posés deux, deux et un. — Tenants: deux Hercules.*

**MICHEL DE PIERREDON** (Blaise-Joseph-Marin), créé comte par bref du 12 décembre 1882.

ARMES INCONNUES.

**MINANGOY** (Henri de), créé comte.

ARMES INCONNUES.

**MOISANT** (Pèdre-Michel-Charles), issu d'une ancienne famille de Touraine, créé comte par bref du 25 juin 1867.

ARMES: *d'azur, à trois molettes d'argent, et une croisette d'or, posée en abîme.*

**MONNIER DES TAILLADES** (de), créé baron par le Pape, souverain du Comtat-Venaissin.

ARMES: *de gueules, au chevron d'or, accompagné de trois têtes d'aigle, arrachées d'argent.*

**MONTGERMONT** (comte Georges LEBEUF DE), né le 10 octobre 1854, camérier secret de Sa Sainteté Léon XIII, créé comte par bref du 1er juillet 1881, a épousé Mlle DE Villeneuve de Guibert.

ARMES: *d'azur, à la ruche d'or, cantonnée de quatre abeilles du même, les têtes tournées vers le centre de l'écu.*

**MONTHOLON-SÉMONVILLE** (Louis-Désiré, marquis de), né à Paris, le 16 octobre 1785, pair de France le 8 novembre 1815, gentilhomme de la chambre du roi Louis XVIII, créé, par bref du 1er octobre 1847, prince d'Umbriano del Precetto.

Il est décédé à Versailles, le 27 février 1863, laissant un fils.

ARMES: *d'azur, au mouton d'or, accompagné de trois quintefeuilles du même, rangées en chef. — Devise: Subvenio oppresso.*

**MONTI DE REZÉ** (N. de), comte.

ARMES: *d'azur, à la bande d'or, accompagnée de deux montagnes de six coupeaux du même.*

MORIN (Louis), commandeur de la Légion d'honneur, chargé d'affaires de la République de Saint-Marin près le gouvernement français, créé comte, décédé à Paris le 27 février 1890.

ARMES INCONNUES.

MORTILLET (DE). — Voir GALLIX DE MORTILLET.

MOÜY (CHARLES-LOUIS-STANISLAS DE), né à Paris, en 1835, ministre plénipotentiaire, officier de la Légion d'honneur, etc., créé comte. Il a épousé, en 1863, Valentine AMET, petite-fille du maréchal Junot, duc d'Abrantès, dont : 1º Roger-Charles-Antioche DE MOÜY, né en 1864. — 2º Madeleine-Victoire DE MOÜY, née en 1867. — 3º Étienne-Léon DE MOÜY, né en 1868.

ARMES : *de gueules, fretté d'or de six pièces.*

MURARD DE SAINT-ROMAIN (ALEXANDRE-VICTOR DE), créé comte, décédé à Brosse-sur-Grosne (Saône-et-Loire), en novembre 1888, à l'âge de 75 ans. Il avait épousé Émilienne Ernestine-Jacqueline-Alix DE LAFORESTELLE, dont: Marie-Alexandre-Henri comte DE MURARD DE SAINT-ROMAIN, marié le 3 juillet 1872, à Justine-Marie-Antoinette DE PÉRUSSE DES CARS.

ARMES : *d'or, à la fasce crénelée de sable, enflammée de gueules, accompagnée en chef de trois têtes d'aigles rangées de sable, et en pointe d'une flamme de gueules.* — DEVISE : *Fortis sed magis intus.*

MURE DE LARNAGE (LOUIS-CHARLES-MARIE-HECTOR DE), chevalier des ordres de la Légion d'honneur, des SS. Maurice et Lazare et de Saint-Grégoire-le-Grand, membre du Conseil général de la Drôme, ancien maire de la commune de Tain où il a fondé un hospice spécial pour les épileptiques pauvres, autorisé par décret impérial du 6 août 1859, créé comte.

Il a épousé, le 28 avril 1842, Mˡˡᵉ Louise-Marie DE CROZE, fille du baron Jules de Croze, ancien préfet à Digne, et de Virginie Le Mercier, dont six enfants.

ARMES: *Écartelé : aux 1 et 4, d'or, à l'arbre de sinople, soutenu de deux lions de gueules, qui est* DE MURE; *aux 2 et 3, écartelé d'or et d'azur, à la fasce d'argent chargée de trois molettes de sable brochant, qui est* DE GARCIN. — SUPPORTS : *deux lions.*

AU DE MAUPASSANT (Léon), créé comte, a épousé M<sup>lle</sup> DE HUBNER.

> ARMES : *d'azur, au lion d'argent, armé et lompassé de gueules, couronné d'or, tenant de sa patte dextre une épée d'argent.*

NIEL (GABRIEL DE), né le 26 juillet 1712, capitaine au régiment de Quercy, chevalier de Saint-Louis, viguier de Bollène, obtint un bref papal, en date du 6 février 1759, qui le « crée, constitue et nomme » BARON DE NIEL, et tous ses fils et filles BARONS et BARONNES DE NIEL, » avec tous et chacun des honneurs, privilèges, facultés, etc., dont » chaque noble de premier rang et les anciens barons ont coutume » de jouir. »

Il mourut le 12 janvier 1788. Sa descendance s'est éteinte dans la famille D'ESMÉNARD, en Provence.

> ARMES : *d'azur, à l'étai* (chevron diminué) *d'argent, accompagné de trois étoiles d'or, deux en chef et une en pointe.*

NIEL (CHARLOTTE-HÉLÈNE-CLÉMENCE MAILLIÈRE, veuve du maréchal ADOLPHE), créée comtesse par bref de 1874, confirmé en France le 25 septembre 1877, avec transmission de son titre à son fils : Léopold-Gustave NIEL, chef d'escadrons au 16<sup>e</sup> régiment de dragons, lequel a épousé le 18 juillet 1878, M<sup>lle</sup> Marie-Marthe Eugénie-Louise CLARY, fille de François-Jean, comte Clary, et de Marie-Noémie-Sidonie TALABOT.

> ARMES : *d'azur, au nid d'argent, soutenu d'un L majuscule d'or.*

'CONNELL (François-Michael), camérier de S. S. le pape Léon XIII, né en 1847, fils de François O'Connell et de Norah de Montmorency-O'Callaghan, est issu de la maison irlandaise O'Connell, des princes de Thomond.

Il a été créé comte par bref de Pie IX du 22 mars 1876, en récompense d'éminents services rendus à l'Église et au clergé de Paris, pendant la Commune en 1871.

Il a épousé en 1871 la princesse Nonia Bertong de Penang, fille de la princesse Nonia Bertong de Penang et du général J. Clark, dont un fils : François O'Connell, né en 1875.

Il est chevalier de la Légion d'honneur, grand'croix de l'ordre de Saint-Grégoire-le-Grand, commandeur du Christ de Portugal, de la Conception de Villa-Viçosa, etc.

Armes : *d'azur, au chevron d'argent, accompagné en chef de deux étoiles d'or, et en pointe d'un trèfle d'argent.* — Supports : *à dextre un chien-loup, accolé d'une couronne antique d'or, et à sénestre, un cerf colleté et enchaîné d'or.* — Cimier : *une tête et col de cerf.* — Devise : *Compositum jus fasque animi.*

OGNY (Charles-Henri-Alfred d'), chevalier des ordres du Saint-Sépulcre et de Saint-Grégoire-le-Grand, créé comte, a épousé, en 1857, Mlle Adrienne Lecoffre, dont postérité.

Armes : *de gueules, à la fasce d'hermines.*

O'GORMAN (Ferdinand-Alfred), camérier de cape et d'épée de Sa Sainteté, créé comte.

Armes : *d'azur, au lion passant d'argent, armé et lampassé de gueules, accompagné de trois épées antiques d'argent, garnies d'or, posées en pal, 2 en chef et 1 en pointe.* — Cimier : *un dextrochère armé au naturel, tenant une épée flamboyante d'argent.* — Devise : *Primi et ultimi in bello.*

OLRY DE LABRY (Félix-Jacques), inspecteur général honoraire des ponts et chaussées, officier de la Légion d'honneur et de l'Instruction publique, créé comte par bref du 29 juillet 1890. Il est né, le 17 janvier 1827, du mariage de Joseph-Gabriel Olry de Labry, lieutenant-colonel du Génie militaire, officier de la Légion d'honneur, chevalier des ordres de Saint-Louis et de Saint-Ferdinand d'Espagne, et de Charles-Marie-Élisabeth DUGIER. Il a épousé, le 8 mai 1858, Mlle Amélie ROYER, dont deux fils.

ARMES : *d'azur, à la fasce d'argent, accompagnée en chef d'un lion passant d'or, armé et lampassé de gueules, et, en pointe d'une quintefeuille d'or.*

OURY (Mgr FRÉDÉRIC-HENRI), chevalier de la Légion d'honneur, créé comte et assistant au Trône pontifical, nommé à l'évêché de Dijon par décret du 6 juin 1890, né à Vendôme le 3 mai 1842. Il a été longtemps aumônier de la marine. On le nomma évêque malgré lui, car il aimait la mer et les marins et il ne voulait pas s'en séparer. Pour comble de malheur, on l'envoyait à l'évêché de la Guadeloupe le 31 décembre 1884 au moment où la Chambre supprimait ce poste par voie d'économie budgétaire. Mgr Oury resta donc en France, évêque sans diocèse, jusqu'au moment où, en 1886, on le nomma à l'évêché vacant de Fréjus et Toulon.

ARMES : *de gueules, à une croix haute d'or ; taillé cousu d'azur, à une ancre d'argent.* DEVISE : *Utrique fidelis.*

ALLUAT DE BESSET (N.), issu d'une ancienne famille du Lyonnais, créé comte.

> ARMES : *d'or, à trois œillets de gueules, tigés et feuillés de sinople, et mouvant de la même tige.*

PARISIS (Mgr N.), évêque de Langres (Haute Marne), créé comte.

> ARMES INCONNUES.

PASTRÉ, comte par bref du 6 mai 1884. Famille du Languedoc établie à Marseille, à la fin du xviiie siècle, qui a donné deux consuls à la ville de Montpellier (1290 et 1365), et plusieurs officiers aux armées de terre: l'un deux reçut un brevet de chevalier de l'ordre royal et militaire de Saint-Louis. Cette famille a possédé en Orient la principauté d'Edd, et est restée investie du titre de prince d'Edd, après la cession de la principauté au khédive d'Égypte.

> ARMES : *d'or, au chevron d'azur, accompagné de deux chênes de sinople en chef, et d'un lion de sable en pointe.*

PAULINIER (Mgr PIERRE-ANTOINE JUSTIN), archevêque de Besançon, né à Pézenas (Hérault), le 29 janvier 1815, créé comte par bref de 1875, décédé en 1881.

> ARMES : *de gueules, à deux clefs d'or posées en chevron, accompagnées de trois canettes d'argent; au chef d'or, chargé de trois merlettes de gueules.*
> — DEVISE : *Plus prodesse quam praesse.*

PAVY (Mgr LOUIS-ANTOINE AUGUSTIN), évêque d'Alger, né le 18 mars 1815, décédé en 1866, créé comte par bref de 1852.

> ARMES INCONNUES.

PETITON SAINT-MARD (Élie-Jules), né le 31 juillet 1803, receveur particulier des finances, chevalier de la Légion d'honneur, créé comte par bref du 22 décembre 1868, décédé le 1ᵉʳ mars 1884. Il avait épousé, le 24 octobre 1830, Mˡˡᵉ Clémence Buchère de Mont-Couronne, fille d'un conseiller à la Cour des Comptes, de laquelle il a eu trois fils.

> Armes. *Écartelé : aux 1 et 4, d'argent, à la croix potencée d'or, cantonnée de 4 croisettes du même, qui est* de Jérusalem ; *aux 2 et 3, de sinople, à l'écusson de gueules, bordé d'or, chargé d'une feuille de chêne d'argent, qui est de* Challou-Saint Mard ; *sur le tout : de gueules, au lion léopardé d'or, surmonté d'un croissant d'argent, qui est de* Petiton. Cimier : *un chien issant.* — Devises : *Rex Philippus mihi dedit; et Devant Dieu toujours petit on est.*

PIGAULT DE L'ÉPINOY (Guillaume-Antoine-Hippolyte), créé comte par le pape Clément XIII, par bref du 5 juin 1764. Un de ses descendants, le comte Louis-Antoine Gaspard Pigault de Beaupré, ingénieur, est décédé le 22 décembre 1878, laissant de son mariage avec la baronne Buffin, deux fils : 1° Erard-Louis-Désiré, comte Pigault de Beaupré, époux de Mˡˡᵉ d'Udekem d'Acoz ; 2° Albert Charles-Henri-Achille, vicomte Pigault de Beaupré, lequel s'est marié à Mˡˡᵉ de Reiset, fille du comte et de la comtesse, née de Sancy de Parabère.

> Armes : *d'azur, à la croix ancrée et givrée d'argent.* — Devise : *Sola nobilitat virtus.*

PILTÉ (Pierre), créé comte, décédé.

> Armes inconnues.

PIMODAN (Gabriel-Raoul-Claude Marie-Austria, duc DE RARÉCOURT DE LA VALLÉE DE PIMODAN, marquis de), comte autrichien, comte d'Echènay, etc., né à Paris, le 16 décembre 1856, ancien officier d'infanterie, créé duc, en 1860, avec son frère Claude, et tous leurs descendants mâles, après la bataille de Castelfidardo où fut tué leur père, Georges, marquis de Pimodan, comte et chambellan autrichien, général au service du Saint-Siège (bref de S. S. le Pape Pie IX). Confirmation papale des titres de « DUCS DE RARÉCOURT DE LA VALLÉE DE PIMODAN » pour les mêmes en 1889 (Bref de S. S. le Pape Léon XIII).

PIMODAN (Duc Claude-Emmanuel-Henri-Marie DE RARÉCOURT DE
LA VALLÉE DE PIMODAN, comte de), comte autrichien, né à Paris
le 15 juillet 1859, frère du précédent, lieutenant au 3ᵉ régiment de
chasseurs. Il a épousé, le 29 janvier 1885, Georgina-Davida-Adé-
laïde-Françoise Marie DE MERCY-ARGENTEAU, fille du comte de
Mercy-Argenteau et de feue Georgina de Choiseul, dont :

1° Duc Pierre-Georges-Henri-Laure-Claude, né en 1886 ;
2° Duc Henri-Fernand-François-Gabriel-Marie, né en 1887 ;
3° Marguerite-Léontine-Emma-Alix-Marie, née en 1889.

Armes : *d'argent, à cinq annelets de gueules, posés eu sautoir, accompagnés de
quatre mouchetures d'hermine de sable.* — Couronne: *de duc (ancienne).*
— Cri : *Rarécourt!* — Devise : *Mori potius quam fœdari.*

PIOLENC (de), créé marquis par le Pape, souverain d'Avignon.
Cette branche de la maison de Piolenc est éteinte dans les mâles
par le décès du marquis Albert-Dieudonné-Louis-Fidèle-Emmanuel
de Piolenc, époux de Cécile Marchand-Carier, dont il eut deux enfants :
Albert de Piolenc, mort en bas âge, et Marie-Pauline-Jeanne-
Gabrielle Berthe de Piolenc, mariée, le 23 septembre 1863, au vicomte
de Serennes.

Armes : *de gueules, à six épis de blé d'or, posés en pal, 3, 2 et 1 ; et à la bor
dure engrélée d'or.* — Cimier : *un phénix d'or, sur son bûcher enflammé de gueules.* Devise : *Campi tui replebuntur ubertate.*

PLANTIER (Mgr Claude-Henri-Augustin), né à Ceyzérieux (Ain), le
2 mars 1813, comte, assistant au Trône pontifical, vicaire général
de Lyon, évêque de Nîmes, par décret du 30 août 1855.

Armes : *d'azur, à la bande d'argent accompagnée en chef, d'une ruche d'or
accostée de cinq abeilles du même, trois à dextre et deux à sénestre;
et, en pointe, d'un lion du troisième émail.* — Devise: *Dulcius melle,
fortius leone.*

PODENAS (Jean-Baptiste-Charles-Félix-Henry, marquis de), colonel
de dragons, créé prince de Cantalupo, par bref du 6 mai 1842,
mort à Bône (Algérie), le 23 octobre 1848. Il avait épousé Adé-
laïde-Rosalie-Ferdinande-Zéphirine-Athénaïs du Pouget de Nadail-
lac, dont deux fils.

Armes. *Écartelé : aux 1 et 4, d'argent, à trois fasces ondées d'azur, qui est
de Podenas; au 2, contre-écartelé : aux 1 et 4, de gueules plein; aux
2 et 3 d'azur, à trois fleurs de lis d'or, qui est d'Albret; au 3ᵉ, contre-
écartelé : aux 1 et 4 d'argent, au lion de gueules; aux 2 et 3, de
gueules, au léopard lionné d'or, qui est d'Armagnac.*

POLI (Oscar-Philippe-François-Joseph de), ancien officier de l'armée pontificale, ancien préfet, créé comte par bref du 20 décembre 1864. Il est chevalier de grâce de 2e classe de l'ordre de Constantinien, commandeur des ordres de Saint-Grégoire-le-Grand, de Saint-Sylvestre, de la Couronne-de-Chêne, etc., donat de justice de l'ordre de Saint-Jean-de-Jérusalem. Il a épousé, le 20 mai 1865, Idalie-Alexandra-Mathilde-Victoire de Choiseul-Gouffier, dont il a eu deux filles, mariées, l'une au comte de Courtin de Neufbourg et l'autre au comte de Caix de Saint-Aymour.

> Armes : *d'argent, à trois violettes d'azur, tigées de sable; au chef d'azur, chargé d'une molette d'éperon à huit pointes d'or.* — Cimier : *un buste d'homme d'armes, la visière levée, tenant l'épée haute et un écu aux armes.* — Tenants : *deux hommes d'armes, armés de toutes pièces, la visière baissée.* Devises : *In sudore sanguinis. — Pol en vaillance est lion. — Quis altior polo.*

POLIGNAC (Auguste-Jules-Armand-Marie de), né le 14 mai 1780, maréchal-de-camp, président du Conseil des ministres sous Charles X, créé prince romain par le Souverain Pontife en 1820, et confirmé dans ce titre par ordonnance de Louis XVIII, le 30 juillet 1822.

Il avait épousé : 1° le 6 juillet 1816, Barbara Campbell; 2° Marie-Charlotte Parkyns, née le 6 janvier 1792, fille de lord Rancliff. Il a laissé postérité de ses deux mariages.

> Armes: *fascé d'argent et de gueules.* — Supports : *deux griffons.* — Devise. *Sacer custos pacis.*

POULLIN D'ARSIGNY (Marie-François-Oscar), né le 20 juin 1829, créé comte par bref de S. S. le pape Léon XIII, en date du 9 octobre 1884, a épousé, en 1858, Mlle Marie de Préfeln, dont un fils né en 1869.

> Armes : *de sable, à une aigle d'argent au vol éployé.*

PRÉVOST DE LA BOUTETIÈRE (Louis), comte de la Boutetière de Saint-Mars, colonel en retraite, officier de la Légion d'honneur, chevalier des ordres de Saint-Louis et de Saint-Ferdinand d'Espagne, obtint de S. S. Léon XII le titre de marquis en 1823, époque à laquelle le cardinal de la Fare, son oncle, avait été appelé à Rome pour l'élection de ce pontife. Il avait épousé, par contrat du 4 mai 1825, M<sup>lle</sup> Flore DE SAPINAUD DE BOISHUGUET, nièce à la mode de Bretagne du général comte de Sapinaud, pair de France. Ce contrat a été signé par le roi Charles X et tous les princes et princesses de la famille royale. Il laissa de son mariage trois enfants : 1° Joseph PREVOST marquis DE LA BOUTETIÈRE DE SAINT-MARS; 2° Louis PREVOST DE LA BOUTETIÈRE DE SAINT-MARS; 3° Camille PREVOST DE LA BOUTETIÈRE DE SAINT-MARS. Il est mort à Angers, le 22 novembre 1849.

ARMES : *d'argent, à trois hures de sanglier de sable, défendues d'or.* — COURONNE : *de marquis.* — SUPPORTS : *deux sauvages.* — DEVISE : *Défense.*

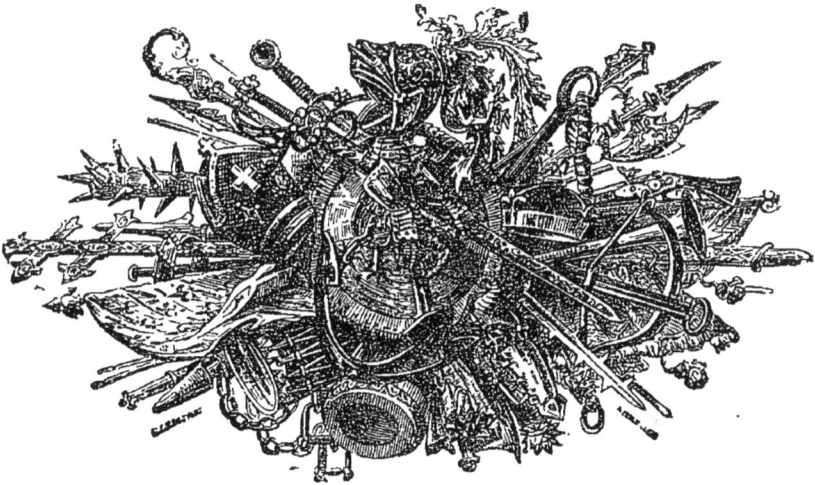

**R**AESS (Mᵍʳ ANDRÉ), né à Sigolsheim (Haut-Rhin), le 6 avril 1794, chanoine de Strasbourg, évêque de Rhodiopolis *in partibus infidelium* (1841), évêque de Strasbourg (1842). Créé comte en 1862, décédé en novembre 1887.

ARMES : *d'argent, à la bande de gueules, chargée d'une massue d'or, accompagnée d'une main mouvante du chef, tenant un livre fermé et marqué d'une croix, le tout d'or, et en pointe d'un cep de vigne sur une terrasse, le tout au naturel.*

RAOUSSET-BOULBON (DE). — Créé comte par le Pape, souverain d'Avignon.

Famille représentée par le comte DE RAOUSSET, au château de Veulettes (Seine-Inférieure).

ARMES : *d'or, à la croix pattée et alésée de sable, bordée de gueules.*

RÉGNIER (Mᵍʳ), né à Saint-Quentin (Aisne) le 17 juillet 1794, d'abord évêque d'Angoulême en 1842, puis cardinal-archevêque de Cambrai en 1850, créé comte et assistant au Trône pontifical; décédé à Cambrai, en février 1881.

ARMES INCONNUES.

REISET (GUSTAVE-ARMAND-HENRI, COMTE DE), né au Mont Saint-Aignan, près Rouen, le 15 juillet 1821, ancien Chargé d'affaires de France à Turin et à Saint-Pétersbourg, Ministre de France à Darmstadt et à Wiesbaden, Envoyé extraordinaire et Ministre plénipotentiaire de l'Empereur près les cours d'Italie, de Hanovre et de Brunswick, Membre du Conseil général de l'Eure, Commandeur de la Légion d'honneur, Chevalier Grand'Croix des Ordres de Philippe le-Magnanime de Hesse, d'Adolphe de Nassau et de l'Ordre royal des Guelphes de Hanovre, décoré de la Médaille d'or du Mérite de Hesse, Commandeur des Ordres des SS.-Maurice-et-Lazare de Sardaigne, Chevalier de première classe de l'Ordre Constantinien de Saint-Georges de Parme, Chevalier de Charles III d'Espagne, etc., créé comte par bref du 31 mai 1842, confirmé en France, le 8 septembre de la même année, par le roi Louis-Philippe. Il a épousé Mˡˡᵉ Blanche DE SANCY DE PARABÈRE, fille de Mᵐᵉ de Sancy de Parabère, Dame du Palais de l'impératrice Eugénie, dont :

1º Napoléon-Louis-Eugène-Marie-Jacques, né à Paris, le 14 février 1857, marié à Gand en 1885 à Jeanne DE SMET DE NAEYER;

2º Marie-Thérèse-Colette-Émilie-Hortense, née à Paris, le 28 février 1858, mariée en 1879 au comte DE BOUILHAC DE BOURZAC;

3º Marie-Juliette-Walburge-Alice, née à Darmstadt, le 4 avril 1861, mariée en 1884 au vicomte DE BEAUPRÉ;

4º Marie-Joseph François Henri-Florimond, sous-lieutenant de réserve au 6ᵉ dragons à Évreux, (Eure);

5º Joseph, né au Breuil (Eure), le 5 juin 1870;

6º Jacques, né au Breuil, le 6 juin 1872.

ARMES : *d'azur, au croissant d'argent, surmonté d'un trèfle d'or, et soutenu d'une colline de trois coupeaux du même, mouvante de la pointe de l'écu.* — DEVISES : *Fortis in verbis, sicut in armis*, et encore : *Faire sans dire.* — (Armorial général de d'Hozier de l'année 1697.)

REMACLE (Louis-Marie-Joseph), grand-croix d'Isabelle-la-Catholique, commandeur de Charles III d'Espagne, chevalier de Saint-Grégoire-le-Grand, etc., préfet des Basses-Pyrénées (1871-1878), créé comte par bref du 22 avril 1884.

> Armes : *d'azur, au rais d'escarboucle pommeté et fleuronné d'or; au chef cousu de gueules chargé de trois mâcles d'argent.* — Cimier : *un vol d'argent surmonté d'une étoile d'or.* — Supports : *deux licornes d'argent.* — Couronne : *de comte.* — Devise : *Fides antiqua.*

REYNAUD DE LA GARDETTE voir de Favier.

RIANT (Paul-Édouard-Didier), membre de l'Académie des Inscriptions et Belles-Lettres, créé comte par bref du 8 mars 1864, décédé le 16 décembre 1888, au château de la Volpillière-sur-Saint-Maurice, dans le Valais (Suisse), laissant quatre enfants du mariage qu'il avait contracté, le 8 septembre 1868, avec Mlle Antoinette d'Offémont.

> Armes : *de gueules, semé de trèfles d'or, à deux bars adossés du même brochant sur le tout.* — Devise : *Nomen omen.*

Ces armes sont celles des Riant, remontant à Jacques Riant, capitaine d'une compagnie de cent hommes des ordonnances, sous Louis XII.

RICHARD DE SOULTRAIT (Jacques-Hyacinthe-Georges), conseille général de la Nièvre, ancien trésorier-payeur général à Besançon, chevalier des ordres de la Légion d'honneur, de Wasa de Suède, d'Isabelle-la-Catholique d'Espagne et de Saint-Grégoire le-Grand, né le 27 juin 1822, créé comte par bref du 2 août 1850, décédé le 15 septembre 1883. Il a épousé, au château de Pommiers (Bouches-du-Rhône), le 10 septembre 1850, Désirée-Louise-Anne Le Jeans, fille de Louis-Guillaume-François, vicomte Le Jeans, et d'Anne-Malménaïde de Montmillant, dont il a eu : Gaspard-Anne-Désiré-Procule-Hyacinthe Roger, comte Richard de Soultrait, né le 4 juillet 1855, capitaine au 60e régiment d'infanterie de ligne, qui a épousé, le 10 juillet 1890, à Messimy (Ain), Félicie-Gabrielle-Marie-Josèphe Rivérieulx de Varax, fille de Jean-Marie-Amédée Rivérieulx de Varax et de Marthe-Françoise-Louise Bouchet.

> Armes : *d'argent, à deux palmes de sinople adossées, accompagnées en pointe d'une grenade de gueules, tigée et feuillée de sinople.*

RIPERT D'ALAUZIER (marquis DE). — La terre de BARRY fut érigée
en marquisat par le Pape, souverain du Comtat-Venaissin, en 1789,
pour cette maison laquelle est représentée actuellement par le marquis Eugène DE RIPERT D'ALAUZIER, et son neveu le comte Ludovic
DE RIPERT D'ALAUZIER.

> ARMES : *d'azur, à la fleur de lis d'or, et une fasce de gueules, brochant sur
> le tout, chargée à dextre d'un soleil d'or, et à sénestre d'un croissant
> d'argent contourné.*

ROBERT D'AQUÉRIA (PIERRE DE), seigneur de Rochegude et de la
Garde-Paréol, coseigneur de Vénasque, premier consul d'Avignon,
obtint du pape Clément IX, souverain du Comtat-Venaissin, le titre
de comte héréditaire transmissible à tous ses descendants mâles à
perpétuité, par bref du 15 novembre 1685.

Son neveu, Pierre-Joseph-Jacques DE ROBERT D'AQUÉRIA DE ROCHE-
GUDE, premier consul et viguier d'Avignon, fut créé marquis héréditaire
par l'infant Don Philippe de Parme, fils de Philippe V, roi d'Espagne,
le 19 juin 1742. Ce titre fut reconnu et ratifié par le vice-légat
d'Avignon.

La famille est actuellement représentée par le marquis DE ROCHE-
GUDE et son frère le comte DE ROCHEGUDE, père de deux fils, au
château d'Aunay (Nièvre),

> ARMES *Écartelé : aux 1 et 4, d'azur à la colombe d'argent, tenant au bec un
> rameau d'olivier du même ; au chef d'or, chargé de trois roses rangées
> en fasce de gueules ; aux 2 et 3, échiqueté d'or et de gueules, les cases
> de gueules chargées d'une rose d'or.* — COURONNE : *de marquis.* —
> SUPPORTS : *deux lévriers contournés.*

ROCHAÏD-DAHDAH (JOSEPH-PIERRE), ancien gouverneur des Maronites du
Liban, fils de Joseph Rochaïd-Dahdah et de Marie-Marthe Dahdah,
créé comte, décédé à Paris, le 15 mai 1889. Il avait épousé, le
27 juin 1885, M^{lle} Béatrix-Cécile-Brigitte Marie-Elisa-Sophie Jeanne-
Lucie PICCIONI, fille de Jean Piccioni et de Marie-Anne-Joséphine-
Sophie-Elisa Multedo.

ROCHAÏD (ALPHONSE), cheikh maronite, naturalisé français, créé
comte, a épousé, le 10 octobre 1883, M^{lle} Odette DE FARET DE FOUR-
NÈS, fille de Robert de Faret, comte de Fournès, et de Sarah de
Mathan.

> ARMES : *d'or, au cèdre arraché de sinople, au chef du même.*

ROCHER (Henri DE) créé comte par bref de S. S. Pie IX, en 1871, en souvenir du titre de comte palatin conféré à un de ses aïeux par le Pape, souverain du Comtat-Venaissin. Il est décédé laissant de son mariage avec M<sup>lle</sup> Denise BENOIST D'AZY, petite-fille du comte Joubert, quatre enfants: Gaston, Raymond, Jean et Paule DE ROCHER, demeurant au château de Bollène (Vaucluse).

ARMES INCONNUES.

RONSERAY (ARNOLD-AUGUSTE DE) créé comte par bref du 17 août 1880, est fils de M. Henri-Arnold de Ronseray, chevalier de la Légion d'honneur, chef du contentieux de la Compagnie du chemin de fer du Nord, et de Zénobie-Victorine DE LA SABLIÈRE DES HAYES. Il a épousé à Paris, le 18 février 1875, M<sup>lle</sup> Livia-Marie-Françoise THOMAS DE BOJANO, fille de Louis-Nicolas-André THOMAS, duc de Bojano, directeur général de la Compagnie d'assurances le Soleil, et de Marie-Livia-Lucie Marianne-Julie-Magdeleine-Thérèse Carafa de Noja.

Philippe de Ronseray commandait le château d'Auray en 1481. Louis de Ronseray, conseiller de la Chambre des comptes de Bretagne, fut maire de Nantes en 1678. Dans l'île de Saint-Domingue, où cette famille passa sous Louis XV, Pierre de Ronseray, chevalier, président du Conseil supérieur de l'île, se distingua lors de la première révolution.

ARMES : d'azur, au chevron d'argent, accompagné de trois étoiles du même.

ROSELLY DE LORGUES (ANTOINE-FRANÇOIS-FÉLIX), né à Grasse, le 11 août 1805, officier de la Légion d'honneur et de l'ordre des SS. Maurice-et-Lazare, commandeur des ordres de Saint-Sylvestre, de Pie IX, de Charles III d'Espagne et du Saint-Sépulcre, chevalier de l'ordre de Saint-Grégoire-le-Grand, créé comte par bref du 24 avril 1863.

ARMES : d'azur, à un cœur percé d'une flèche d'or; au chef d'argent, chargé de trois roses de gueules. — DEVISE : Vulnerasti cor meum ros cœli.

ROSTOLAN (LOUIS DE), général de division, sénateur de l'Empire, né le 31 juillet 1791, décédé le 2 décembre 1862, créé comte par bref du 7 septembre 1855, confirmé en France, avec réversibilité sur la tête de son neveu.

ARMES : d'azur, à la montagne d'argent, surmontée d'un croissant du même.

ROULLET DE LA BOUILLERIE (Joseph), ancien ministre (24 mai 1873),
créé comte par bref du 2 avril 1887, a épousé M^lle Delahante.

> Armes : *de gueules, au chevron d'argent, sommé d'un croissant du même et
> accompagné de trois pommes de pin renversées d'or.*

ROUS DE LA MAZELIÈRE (de). La terre de Saint-Hubert, érigée en
marquisat par bref du pape, souverain du Comtat-Venaissin, en
date du 13 novembre 1787, en faveur de M. de Vernetti, passa à
la famille de Rous de la Mazelière, représentée actuellement par
le marquis Antoine-Camille-Louis-Victor de la Mazelière, né à Paris
le 28 septembre 1864, fils d'Alfred-Antoine, marquis de la Mazelière, commandeur de l'ordre de Saint-Grégoire-le-Grand.

> Armes : *d'azur, au lion d'argent.*

ROUSSELET (M^gr Charles-Frédéric), né à Saint-Amand (Cher), le
15 septembre 1795, officier de la Légion d'honneur, vicaire général
d'Autun, évêque de Séez (1843), comte et assistant au Trône pontifical.

> Armes : *de gueules, à la croix d'argent ancrée.*

ROZAN (Gustave), camérier secret de cape et d'épée de Sa Sainteté,
commandeur de l'ordre de Pie IX, créé comte par bref de 1867,
a épousé, le 17 juillet 1865, M^lle Jeanne-Émilie Mirès, veuve d'Ar-
mand-Charles-Georges-Marie, prince Alphonse de Polignac, mort le
30 juin 1863.

> Armes inconnues.

RUINART DE BRIMONT (Pierre-Henri), créé Comte de Formello par
bref pontifical de 1856, décédé en 1868, était le quatrième fils de
Irené, vicomte Ruinart de Brimont; de son mariage avec Louise de
Montuel, il eut :

1° Jeanne Ruinart de Brimont, mariée à Eugène, comte Ledóchowski,
chef d'escadrons au 29^e dragons;

2° Jean-Louis-Adrien, comte Ruinart de Brimont, décédé en 1885,
marié à Yvonne-Louise-Caroline de Sesmaisons, dont :

**A.** Yolande RUINART DE BRIMONT, mariée en 1877, à Stéphane-Hippolyte, marquis DE LAIZER ;

**B.** Berthe RUINART DE BRIMONT, mariée en 1879, à Emmanuel, marquis DE BRYAS ;

**C.** Gabriel, comte RUINART DE BRIMONT ;

**D.** Albert RUINART DE BRIMONT, décédé en 1888 ;

**E.** Yves RUINART DE BRIMONT ;

**F.** Henri RUINART DE BRIMONT ;

**G.** Ida RUINART DE BRIMONT.

ARMES : *d'azur, au chevron d'or, accompagné en chef de deux étoiles d'argent, et en pointe d'un cœur du même ; au chef d'or, chargé d'une rose de gueules.*

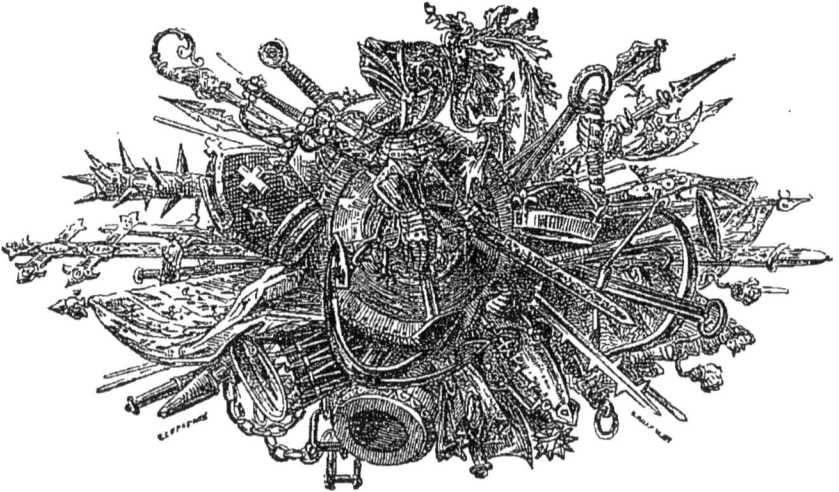

ACIIS (F. baron de), créé comte par bref du 22 mars 1886. Il est décédé en avril 1890, laissant un fils, capitaine d'état-major de l'armée française.

Armes : *Parti, au 1er, de sable, au rocher d'or, mouvant de la pointe, accompagné en chef de trois roses d'argent, feuillées de sinople, posées 2 et 1 ; au 2e, de gueules, à une autruche d'argent, posée sur une terrasse de sinople et surmontée de deux bandes haussées d'or. — L'Écu timbré d'un casque couronné, orné de ses lambrequins ; à dextre : d'argent et de sable, et à sénestre : d'or et de gueules. — Cimier : une femme issante de carnation, couronnée d'or, les cheveux épars, habillée de sable, ses bras remplacés par deux ailes coupées d'argent et de sable.*

SAINT-BRIS (Auguste-Georges de), né à Amboise le 20 août 1844, fils d'André-Théodore de Saint-Bris et d'Augustine-Claire Corbie, créé comte par bref du 15 août 1874.

Il a épousé, à Paris, le 12 mai 1866, Mlle Marie-Marthe de Maupas, fille de Charles-Eugène de Maupas et de Marie-Rose-Élisabeth-Bathilde Lafont, nièce de M. de Maupas, ancien ministre de l'empereur Napoléon III, et du vice-amiral comte Lafont, dont deux enfants : Jean et Madeleine de Saint-Bris.

Armes : *Coupé : au 1er, d'or, à une clef de sable, accompagnée au canton dextre d'un cœur de gueules ; au 2e, d'argent, à la croix d'azur, cantonnée de quatre mouchetures d'hermine ; sur le tout : d'azur, à une étoile d'or. — Devise : Dieu avant tout.*

SAINT-VENANT (de). Voir BARRÉ DE SAINT-VENANT.

SALAMON (Alphonse-Laurent-Antoine de), de Carpentras, créé baron par bref du pape, souverain du Comtat-Venaissin, en date du 9 décembre 1776.

Famille représentée en 1874 par M. de Salamon, avoué à Sisteron, (Basses-Alpes).

Armes : *losangé d'argent et de gueules.*

SALVADOR (de). Titre de comte conféré par le pape, souverain du Comtat-Venaissin, à la même époque où Sa Sainteté investit cette famille du fief portant le nom de Souvadou, situé dans la commune de Morières, aux environs d'Avignon (1520). La famille Salvador possède encore ce fief. Elle est représentée : 1° par Henri, comte de Salvador de Pertuis de Saint-Amand, marié à Marie de Joannis Nicou, dont postérité ; 2° Edmond de Salvador ; 3° Jules vicomte de Salvador, chef de la branche cadette, lequel a épousé Claire de Chiavary, d'Arles, fille du comte de Chiavary, chevalier profès de l'ordre de Malte ; 4° le vicomte Joseph de Salvador.

Armes : *d'azur, au pin terrassé, accosté de deux cerfs, et surmonté de trois molettes rangées en fasce, le tout d'or.*

SEGUIN DE JALLERANGE (Charles-Marie-Philibert), ancien sergent aux zouaves pontificaux, décoré de la croix de Mentana, chevalier de l'ordre de Pie IX, créé comte par bref de 1870. Il a épousé, le 26 janvier 1870, Caroline Marie-Louise de Vaulchier, dont : Pauline-Marie-Céleste Séguin de Jallerange, née le 30 juillet 1873.

Armes : *d'azur, au chevron d'or, accompagné en chef de deux quintefeuilles d'argent, et d'un cygne essorant du même, en pointe.* — Devise : *Ubi que reclus.*

SÉGUINS (Sébastien de), créé comte palatin en mars 1584.

La terre d'Aubignan fut érigée en marquisat par le pape, souverain de Comtat-Venaissin, le 24 septembre 1667, en faveur de la maison de Panisse Pazzis d'où elle passa par succession, en 1686, à celle de Séguins, seigneur de Beaumettes, avec obligation rigoureuse pour celui-ci et ses héritiers de porter le nom de Pazzis.

Le chef actuel de la famille est Henri-Charles-Marie de Séguins-Pazzis, marié à Mathilde d'Aubigny des marquis d'Aubigny du Lyonnais.

Armes : *Parti, au 1er, d'azur, à la colombe huppée essorante d'argent, accompagnée de sept étoiles d'or, quatre en chef et trois en pointe, qui est de Séguins ; au 2e d'azur, semé de croisettes, recroisettées au pied fiché d'or, à deux dauphins adossés du même, brochants sur le tout, qui est de Pazzis.* — Devise : *Sola salus servire Deo.* — Supports : *deux lions.*

SERRE (de), créé baron le 6 février 1779 par bref du Pape, souverain du Comtat-Venaissin.

Armes : *de gueules, à la bande dentelée d'or, à la bordure componée d'argent et d'azur.*

SEYTRES (Amable-Victor-Joseph-François de), né en 1764, second fils de Joseph-François Xavier de Seytres, marquis de Caumont, et d'Anne de Montboissier-Beaufort-Canillac, fut créé duc de Caumont par bref du pape Pie VI du 28 avril 1789. Il épousa M<sup>lle</sup> de Bruni de la Tour d'Eygues et mourut sans postérité le 24 septembre 1847; son titre passa à son frère cadet Charles-Joseph-Maurice de Seytres, père de deux filles, M<sup>mes</sup> les comtesses de la Borde et de Raffelis-Soissau.

> Armes : *d'or, au lion de gueules, à la bande de sable, chargée de trois coquilles d'argent.*

SOLA (M<sup>gr</sup> Jean-Pierre), né à Carmagnole (Piémont), le 16 juillet 1791, officier de la Légion d'honneur, commandeur des ordres des SS. Maurice-et-Lazare, de Saint-Charles de Monaco et du Mérite de Saint-Michel de Bavière, officier de l'Instruction publique, évêque de Nice (1857), assistant au Trône pontifical, créé comte en 1866.

> Armes : *de gueules, à la redorte de chêne posée sur un bouclier ovale, le tout d'argent.* — Devise : *In sui victoria pax.*

SOYE (Alexandre de), intendant militaire, commandeur de la Légion d'honneur et de l'ordre de Saint-Grégoire-le-Grand, créé comte par bref du 7 juillet 1882, décédé le 27 décembre de la même année. Il avait épousé Charlotte-Pauline, fille du marquis Jacops d'Aigremont, dont postérité.

> Armes : *d'argent, à deux bars adossés d'azur.*

SURVILLE (Maxime-Marie-Raymond de), ancien zouave pontifical. créé comte par bref de 1868.

> Armes inconnues.

LE BON TEMS VIENDRA

ARDY DE MONTRAVEL (Louis-François-Théodore de), né à Joyeuse (Ardèche), le 8 mars 1837, quatrième fils du vicomte Antoine-Maurice et de Françoise de Chazotte-Carrière, et petit-fils du comte Jean-Louis de Montravel. Ancien zouave pontifical, après son frère Félix, tué à Castelfidado, puis capitaine au premier bataillon de la garde mobile de l'Ardèche, chevalier des ordres de Pie IX, en septembre 1866, et de la Légion d'honneur en mai 1871, a été créé comte par bref du pape Léon XIII, en juillet 1879.

Il a épousé à Tarascon, en août 1879, Mᶦˡᵉ Clémentine de Léautaud de Mablan.

> ARMES. *Écartelé : aux 1 et 4, contre-écartelé d'or et d'azur, qui est* DE MONTRAVEL *; aux 2 et 3, d'argent, à trois cyprès arrachés de sinople, rangés en pal; au chef de gueules chargé de trois besants d'or qui est* DE TARDY. *—* DEVISES : *In eo aut cum eo, pour* MONTRAVEL *; et Sanguine nobilis, virtute nobilior, pour* TARDY.

TEMPLE DE ROUGEMONT (François-Adolphe du), né le 12 novembre 1798, ancien chevau-léger de la garde du roi, puis capitaine au 16ᵉ régiment de chasseurs, créé comte. Il avait épousé le 23 mai 1829, Marie-Louise Cécilia Arlault d'Affonville, dont : Albéric, comte du Temple de Rougemont, lequel s'est uni, le 10 janvier 1866, à Mᶦˡᵉ Alice-Marie de Laroque-Latour.

> ARMES : *Écartelé : aux 1 et 4, d'azur, au chevron d'or, accompagné de 3 étoiles du même,* qui est DU TEMPLE ; *aux 2 et 3, d'hermines plein,* qui est de PARIS DE BOISROUVRAY.

TERRAY (Claude-Maurice-Emmanuel), créé comte, décédé à Paris, le 7 mai 1873, à l'âge de 70 ans. Il avait épousé Mᶦˡᵉ Aglaé-Elisabeth-Gabrielle-Robertine de Barbantane, dont postérité.

> ARMES : *d'azur, à la fasce d'argent, chargée de cinq mouchetures d'hermine de sable et accompagnée de trois croix tréflées d'or; au chef du même, chargé d'un lion issant de gueules.*

TERRIS (Mᵍʳ Joseph-Sébastien- Ferdinand de), évêque de Fréjus, puis de Toulon, né Bonnieux (Vaucluse), le 20 janvier 1824, grand-croix de l'ordre du Saint-Sépulcre de Jérusalem, créé comte par bref du 16 mars 1877, décédé à Toulon, le 8 avril 1885.

> Armes. *Écartelé : aux 1ᵉʳ et 4ᵉ, d'or, à trois taupes de sable, posées 2 et 1, qui est* de Terris ; *au 2ᵉ, d'azur, fretté d'argent de huit pièces, qui est* d'Anselme-Venasque ; *au 3ᵉ, d'azur, au châtaignier d'or, fruité du même, accompagné en pointe d'un croissant d'argent.* — Devise de famille : *Labor in terris.* — Devise épiscopale : *Nocte ac die.*

THEURIER DE POMMYER (Anne-Pierrette de la Huproye, veuve de Mʳ) née en 1807, créée comtesse par bref du 16 septembre 1881, puis marquise par bref de 1882. Elle est décédée le 5 janvier 1883, à l'âge de 74 ans, laissant pour son héritier M. Sément de Rosée, résidant à Yvoir (Belgique). A la famille de Pommyer appartenait le célèbre abbé de Pommyer, conseiller en la grande chancellerie du Parlement de Paris et abbé de Belleval.

> Armes de Pommyer : *d'argent, à l'arbre terrassé de sinople, au chef d'azur chargé de trois étoiles d'argent.*
> Armes de la Huproye : *d'azur, au chevron d'or, accompagné de trois huppes (oiseaux exotiques) du même, celles en chef affrontées.*

THIBAUDIER (Mᵍʳ Odon), évêque de Soissons, puis archevêque de Cambrai, né le 30 septembre 1823, à Millery (Rhône), créé comte en 1879, assistant au Trône pontifical, prélat de la Maison de la Sainteté.

> Armes: *d'azur, au livre ouvert d'or, accosté de deux épis du même et accompagné en pointe d'une feuille de vigne de sinople, fruitée de deux grappes de raisin de sable ; au chef d'or, à la croix fleuronnée de gueules.* — Devise : *Quæ sunt patris.*

THIBAULT (Mᵍʳ Charles-Thomas), évêque de Montpellier, né le 24 février 1796, créé comte en 1853, décédé en 1861.

> Armes inconnues.

THOINNET DE LA TURMELIÈRE (Charles-Baptiste-Joseph), conseiller général de la Loire-Inférieure, député au Corps législatif, chambellan de S. M. Napoléon III, officier de la Légion d'honneur, commandeur des ordres d'Isabelle-la-Catholique et de Saint-Grégoire-le-Grand, né à Ancenis, le 26 octobre 1824, créé comte par bref du 17 septembre 1873. Il est décédé le 26 mai 1887. Il avait épousé, le 20 septembre 1860, demoiselle Laure Adèle-Marie VELPEAU, dont un fils unique : Napoléon-Eugène Joseph-Gustave-Pierre THOINNET, comte DE LA TURMELIÈRE, conseiller général de la Loire-Inférieure, né le 2 juillet 1861.

> ARMES. *Écartelé : aux 1 et 4, d'azur, au château d'or de deux tours du même, couvert, girouetté, ajouré et maçonné de sable ; aux 2 et 3, d'or, à trois œillets de gueules, tigés et feuillés de sinople, au chef d'azur, chargé de trois étoiles d'argent.*

TILLIA (N. DE), de Carpentras, obtint, par bref du 24 novembre 1755, du Pape, souverain du Comtat-Venaissin, l'érection de sa terre d'Olonne en marquisat.

> ARMES : *d'azur, au croissant d'argent ; au chef du même chargé de trois croix potencées de sable, rangées en fasce.* — DEVISE : *Cœlestia cum terrestribus.*

TIRCUY DE CORCELLES, voir DE CORCELLES.

TOURNOIS DE BONNEVALLET (HENRI-ALEXANDRE-EMMANUEL), né le 12 novembre 1849, créé comte par bref du 18 décembre 1877, a épousé, le 16 novembre 1880, Mlle Marie ACHARD DE BONVOULOIR.

> ARMES : *d'azur, au chevron d'or, accompagné en pointe d'une tour du même ; au chef d'argent, chargé de trois noix de sable, tigées de sinople.*

TRAMIER DE LA BOISSIÈRE. La terre de la Foulquette érigée en COMTÉ par le Pape, souverain du Comtat-Venaissin, en 1755, en faveur de la famille ANSELME, a passé, par succession, à la famille TRAMIER DE LA BOISSIÈRE qui la possède actuellement.

> ARMES : *de gueules, au lion d'or, armé et lampassé de sable.*

TRICAUD (PIERRE-AIMÉ-ADOLPHE DE), créé comte, décédé en 1872, avait épousé Henriette-Adélaïde DU MARCHÉ, dont trois enfants : 1° Léopold, comte DE TRICAUD, mort sans postérité en 1883. — 2° Gustave, comte DE TRICAUD, chef de la famille, qui a épousé Louise DE VERGNETTE DE LAMOTTE. — 3° N. DE TRICAUD, mariée à M. E. DE JUIGNÉ DE LASSIGNY.

> ARMES : *d'azur, au chevron d'or, accompagné en chef à sénestre d'une étoile du même.*

TULLE (Philippe de), chanoine de la Métropole, reçu docteur en droit civil de l'Université d'Avignon, le 12 octobre 1679, primicier en 1695 et 1713, mort le 26 avril 1739, fut créé comte palatin par le Pape, souverain du Comtat-Venaissin. Il appartenait à la maison des de Tulle, marquis de Villefranche, l'une des plus illustres du Comtat-Venaissin.

> Armes : *d'argent, à un pal de gueules, chargé de trois papillons volants d'argent, miraillés d'azur.*

TURINAZ (Mgr Charles-François), né à Chambéry, le 2 février 1838, professeur au séminaire diocésain de cette ville, évêque de Tarentaise (10 janvier 1873), transféré à l'évêché de Nancy et de Toul (23 mars 1882), assistant au Trône pontifical, prélat de la Maison de Sa Sainteté, créé comte.

> Armes : *d'or, au cœur de gueules, enflammé du même, entouré d'une couronne d'épines au naturel; au chef cousu d'argent chargé d'une croix haute de sable, enlacée d'un cep de vigne du même et posée sur un terrain de sinople; au canton d'azur, à l'M gothique d'or, couronnée du même; l'écu entouré d'une bordure d'argent. — Devises: Sursum corda et Veritas, justitia et pax.*

AILLANT (Jean-Baptiste-Philibert), maréchal de France, chevalier de Saint Louis en 1823, né à Dijon, le 6 décembre 1790, créé comte par bref de S. S. le Pape Pie IX, en l'année 1850, confirmé en France en 1859. Il avait épousé mademoiselle Frottier de la Messelière, veuve du général comte Haxo, morte en 1869. Le maréchal Vaillant est décédé le 4 juin 1872.

Armes : *Écartelé : au 1er, des comtes militaires, qui est d'azur, à l'épée haute en pal d'argent, garnie d'or ; au 2e, de gueules, à la tour d'argent, sommée de trois tourelles du même ; au 3e, de gueules, à l'étoile d'or, soutenue d'un croissant d'argent ; au 4e, d'azur, à deux clefs d'or passées en sautoir* (prise de Rome en 1849).

VALABRÈGUE DE LA WOESTINE (N. de), général de brigade, écuyer de l'empereur Napoléon III, commandeur de la Légion d'honneur, né en 1804, mort au château de Beaulieu. près de Vendôme, le 14 septembre 1886, créé comte.

VALABRÈGUE DE LA WOESTINE (Paul-Auguste-Jean de), né le 7 juin 1806, créé comte, décédé en juin 1882. Ils étaient tous deux neveux du marquis de la Woestine, sénateur, général en chef commandant la garde nationale de la Seine, dont ils ont été autorisés à relever le nom.

ARMES DE LA WOESTINE : *de sable, au chevron d'argent, accompagné de trois coquilles du même.*

VALÉRY (JEAN-JOSEPH), sénateur de la Corse, créé comte, décédé à Florence, le 25 mars 1879. Il avait épousé Mlle Hortense PICCIONI, dont une fille : Marie-Antoinette VALÉRY, qui s'est mariée à Paris, le 24 juin 1880, à Jean-Casimir-Alexandre-Gontrand comte DE GALARD-BRASSAC DE BÉARN, capitaine d'infanterie de l'armée territoriale, fils de Louis-Hector comte DE BÉARN, sénateur de l'Empire, et d'Alix-Charlotte-Louise-Marguerite DE CHOISEUL-PRASLIN.

ARMES INCONNUES.

VANDAL (JACQUES-PIERRE-LOUIS-ÉDOUARD), commandeur de la Légion d'honneur, conseiller d'État, directeur général des Postes sous l'Empire, né le 28 février 1813, à Coblentz, créé comte par bref de 1875, décédé le 16 décembre 1889. Il avait épousé : 1° Mlle DE NAIVES, dont un fils : le comte Albert VANDAL, ancien auditeur au Conseil d'État, historien et littérateur distingué ; 2° Mlle DE HEECKEREN, fille du baron de HEECKEREN, sénateur, de laquelle est issu un fils : Édouard.

ARMES INCONNUES.

VANEL DE L'ISLE-ROI (DE), seigneur des Barrenques, créé baron par le Pape, souverain d'Avignon.

Cette famille était représentée par Mme Armand DE VANEL, morte à Pont-Saint-Esprit (Gard), laissant pour héritière sa nièce, Mlle DELEUZE, mariée à M. le docteur Charles SÉGUY, à Bouffarik.

ARMES : *d'argent, au chêne de sinople, mouvant d'une terrasse du même.*

VAN STEENKISTE (ALPHONSE), né à Bruxelles, naturalisé Français, créé comte par bref d'avril 1882.

ARMES : *d'azur, au diamant d'argent.*

VAUDRIMEY D'AVOUT (CHARLES-NICOLAS-THÉODIME DE), né le 17 novembre 1802, général de brigade en 1857, secrétaire général de la Grande Chancellerie de la Légion d'honneur, grand-officier de cet Ordre, etc. Nommé gouverneur militaire français de Civita-Vecchia en 1850. En souvenir des services qu'il avait rendus pendant l'occupation française à Rome, le Saint-Père lui a conféré le titre de comte, par bref du 3 août 1867.

Le général de Vaudrimey ayant été adopté, en 1835, par une de ses tantes maternelles, la comtesse DE COUTARD, née D'AVOUT, qui, n'ayant pas eu d'enfants, voulut lui laisser sa fortune, dut ajouter à son nom celui de d'Avout. Il a épousé au château de Saint-Remy (Oise), le 20 juin 1836, Ange-Marie-Josèphe HUCHET DE CINTRÉ, dont trois fils. Il est mort au château de Saint-Remy, en février 1881.

ARMES: *Parti: au 1er d'azur, à un taureau d'or passant sur un terrain de sinople, et surmonté de deux étoiles d'argent, rangées en face, qui est DE VAUDRIMEY; au 2e, de gueules, à la croix d'or, chargée de cinq molettes de sable, qui est de D'AVOUT.*

VERGNE DE LA BORDE (SYLVAIN PROSPER ARTHUR), né le 24 septembre 1831, chevalier de l'ordre de Saint-Grégoire-le-Grand, conseiller d'arrondissement, créé comte par bref du 25 avril 1879. Il a épousé, le 4 avril 1861, Mlle Léontine-Berthe PRUDHOMME DE LA PÉRELLE, dont postérité.

ARMES: *d'azur, à trois cygnes d'argent, posés 2 et 1; au chef d'argent, chargé de trois étoiles d'azur.* — SUPPORTS: *deux lions.* — DEVISE: *Esto semper fidelis.*

VERITÉ DE SAINT-MICHEL (EUGÈNE-LOUIS-VINCENT), camérier secret de cape et d'épée de S. S. Léon XIII, commandeur de l'ordre de Saint-Grégoire-le-Grand, créé comte par bref du 17 juillet 1884, a épousé: 1° en 1862, demoiselle Françoise-Antoinette-Félicité COLLET; 2° en 1878, demoiselle Lucile Marie HIRBEC (Alias LE HIRBEC).

ARMES: *d'azur, au chevron d'argent, accompagné de trois étoiles d'or.* — CIMIER: *un griffon issant d'or.* — DEVISE: *A veritate nomen.*

VERNETI ou VERNETTI (JEAN-BAPTISTE-DOMINIQUE), d'Avignon, obtint, le 27 novembre 1756, du pape, souverain du Comtat-Venaissin, un bref de noblesse. Par autre bref du 13 novembre 1787, le domaine de Saint-Hubert à Sorgues, fut érigé en marquisat en faveur du même. (Voir article ROUS DE LA MAZELIÈRE.)

ARMES INCONNUES.

6

VINCENTI (Isabelle-Flavie-Marie-Thérèse de Brassier de Jocas, veuve d'Amédée), créée comtesse par bref du 11 mai 1880. Ce titre passera à son fils Joseph Vincenti et à ses descendants, en ligne masculine, par ordre de primogéniture. « Cette haute faveur, » dit le bref de S. S. Léon XIII, est la récompense de la piété qui » a toujours brillé dans les deux familles Vincenti et Brassier de » Jocas, à laquelle appartient par sa naissance M^me Amédée Vin- » centi. »

La famille Vincenti est originaire d'Italie et a compté parmi ses rejetons le cardinal Hippolyte-Antoine Vincenti, né à Rieti, le 20 janvier 1738, revêtu de la pourpre romaine par le pape Pie VI en 1794, et décédé en 1807.

ARMES DE BRASSIER DE JOCAS : *d'or, à la fasce d'azur.*

ARMES DE VINCENTI : *d'azur, à la bande d'argent, chargée d'un lézard de sinople, et accompagnée de trois étoiles d'or, posées deux en chef et une en pointe.*

WAZIERS (N. Van der Cruisse de), au château du Sart (Nord), créé comte.

ARMES : *d'azur, à la croix pattée et alésée d'argent, surmontée de deux étoiles du même.*

WERLÉ (Alfred), commandeur des ordres de Pie IX et de Charles III d'Espagne, créé comte par bref de 1886, a épousé, le 6 juillet 1865, M^lle Mathilde Lannes de Montebello, née en 1846, tante du duc actuel de Montebello, dont postérité.

ARMES : *Écartelé : au 1^er, d'azur, à une lune en croissant et en décours d'or; aux 2 et 3, de gueules, au casque de tournoi taré de front, panaché de trois plumes d'autruche, le tout de sable; au 4^e, d'azur, à une tête de bœuf de sable, couronnée à l'antique d'or.*

YVERT (Gaston-Jacques-Ernest), camérier secret de Sa Sainteté, créé comte par bref de mars 1870, a épousé, en janvier 1879, M^lle Caroline-Angèle Espivent de la Villeboisnet, fille de Charles Espivent de la Villeboisnet et de Louise Thierry de la Prévalaye. Il est fils d'Eugène-Joseph Yvert, ancien magistrat à Paris, et de Marie-Françoise-Amélie Moreau de la Seine.

ARMES : *d'or, au pairle d'azur, accompagné de trois ifs arrachés au naturel, posés 1 et 2.*

# COMTES PALATINS[1]

ARMANDS (Joseph des), de Carpentras, fils d'Esprit des Armands et de Marie de Fabre, reçu docteur en droit civil de l'Université d'Avignon, le 17 octobre 1693, créé comte palatin par le Pape, souverain du Comtat-Venaissin.

BLÉGIER (de), créé comte palatin par le Pape, souverain du Comtat-Venaissin, vers 1612. Cette famille est représentée de nos jours par deux branches. — L'aînée : le marquis de Blégier de Taulignan, père de trois enfants. — Branche cadette : le comte Casimir de Blégier de Pierregrosse, lequel a deux fils.

> Armes : *Écartelé : aux 1 et 4, de sable, à la croix engrêlée d'or, cantonnée de dix-huit billettes du même, cinq à chaque canton du chef, posées en sautoir, et quatre à ceux de la pointe, posés 2 et 2, qui est de Taulignan; aux 2 et 3, d'argent, à deux faces de gueules, qui est des Barmes; sur le tout : d'azur, au bélier d'argent, accorné et onglé d'or, accompagné en chef d'une étoile du même.*

BROUTTET (Joseph-Guillaume-Véran), d'Avignon, fils de Guillaume Brouttet, reçu docteur en droit de l'Université d'Avignon, le 14 novembre 1758, créé comte par le Pape, souverain du Comtat-Venaissin, en 1787.

---

(1) Nous avons pensé qu'il serait intéressant de connaître les noms des familles du Comtat-Venaissin qui ont été décorées du titre de Comte Palatin : ce titre purement honorifique et nullement nobiliaire n'était point héréditaire, et pour qu'il le devînt, il fallait en obtenir l'investiture par des lettres-patentes, ainsi que plusieurs familles ont cru devoir le faire.

Autrefois, les chevaliers de l'ordre de Saint-Jean-de-Latran pouvaient obtenir, avec cette décoration, la dignité de Comte Palatin du Sacré-Palais-de-Latran (Comte Palatin), mais ce n'était pas un droit absolu.

CADECOMBE (Paul de), né à Bornery (diocèse d'Apt), fils d'Esprit de Cadecombe, docteur en médecine, et de Louise de Guiramand; jurisconsulte distingué, reçu docteur en droit civil de l'Université d'Avignon, le 24 juillet 1664, fut créé comte palatin par le Pape, souverain du Comtat-Venaissin.

CENTENIER OU CENTENARE (Jean-Baptiste de), né à Crémone (Italie), avocat, jurisconsulte renommé, devenu citoyen de Carpentras en 1532, était Comte Palatin. Il laissa un fils André de Centenier, avocat, 1er consul de Carpentras en 1594, 1600, 1607 et 1613.

CHALLIER (Jean-Jacques), écuyer, seigneur de Vouillac, Puyrenaud, Bois–Mayet, La Fresse et autres lieux, capitaine au régiment de Saint-Germain-Beaupré, créé comte palatin. Il avait épousé demoiselle Bénigne-Henriette Laisné, dont une fille : Marie-Madeleine Challier, laquelle épousa par contrat passé à Angoulême, le 22 mars 1734, messire Bertrand de la Laurencie, chevalier, seigneur de Chadurie.

CRIVELLI (Barthélemi), natif d'Avignon, docteur en droit civil de l'Université de cette ville (1615), créé comte palatin. Il mourut le 16 janvier 1666.

FAUCHER (Jean-François de), sujet de S. S., capitaine de cavalerie au service de France, fut créé comte palatin par bref du 15 septembre 1688, contresigné par le vice-légat Linci et le dataire Michel-Ange Sabatini, puis décoré de l'ordre de Saint-Jean-de-Latran. Il fut, en 1697, maintenu dans sa noblesse par jugement de M. de Lamoignon, intendant du Languedoc, et avait épousé, le 5 juillet 1675, demoiselle Gabrielle de Chassenet, dont descend la famille actuelle de Faucher, à Bollène, dans l'ancien Comtat-Venaissin.

> Armes : *d'azur, à trois bandes d'or; au chef d'argent, chargé de trois mouchetures d'hermine.* — Supports : *deux lions.*

FROC DE GENINVILLE (Jacques), conseiller du roi et son procureur en l'élection de Pithiviers et au bailliage royal d'Yèvre-le-Châtel, fit avec Frédéric-Louis Norden, le voyage d'Égypte et de Nubie, en 1737, et l'accompagna dans ses expéditions les plus périlleuses.

Chargé par le pape Clément XII, d'une mission à Jérusalem, il reçut du souverain pontife le titre de comte Palatin, et la croix de chevalier de l'Éperon d'or.

Sa descendance est représentée par Pierre Froc DE GENINVILLE, né le 8 mai 1826, marié le 12 novembre 1860, à Éléonore-Julie BOURDOT, dont postérité.

> ARMES : *de sinople, au cœur soutenant une croix potencée et accostée de deux palmes, le tout d'argent; au chef cousu d'azur, chargé d'une étoile d'argent.*

HULOT (JEAN), sieur de Braux (Ardennes), clerc du diocèse de Reims, fut anobli, avec concession d'armoiries « ainsi que toute sa famille », pour son dévouement au Saint-Siège, et créé comte palatin par lettres du 3 mai 1525, données à Rome par César, comte de Riario, patriarche d'Alexandrie, en vertu des pouvoirs à lui délégués par les lettres accordées à Jérôme de Riario, son père, lorsqu'il fut honoré de ce même titre de comte palatin, datées de Rome de 1483.

La famille HULOT est actuellement représentée par deux branches : les barons HULOT DE MAZERNY et les barons HULOT DE COLLART SAINTE-MARTHE.

> ARMES : *d'azur, à la fasce d'or, sommée d'un coq du même, tenant une épée dans sa patte dextre.*

INGUIMBERT DE RHÈZE (CHARLES D'), chevalier, créé comte palatin et chevalier de l'ordre de Saint-Jean-de-Latran par bulles du 23 mars 1618, dont le descendant actuel est Charles-Joseph D'INGUIMBERT, baron de Rhèze, époux depuis le 11 novembre 1871 de M^lle Alice DE GASQUET, à Lorgues.

> ARMES : *d'azur, à quatre colonnes d'or, rangées en fasce; au chef cousu de gueules, chargé de deux étoiles d'argent.* — SUPPORTS : *deux lions.*

LAS ESCURAS DE BEYNAC (PIERRE DE), écuyer, seigneur de Beynac, conseiller et procureur du roi en la ville et prévôté de Thiviers, créé comte palatin par bref du pape Clément XIII, donné à Avignon, le 5 juin 1759.

> ARMES : *de gueules, au chevron d'or; au chef d'azur, chargé de deux étoiles d'argent, soutenu d'une divise du même.*

MARTIN (JOSEPH), de l'Isle, reçu docteur en droit civil de l'Université d'Avignon, le 22 juin 1690, archiviste de ladite ville, créé comte palatin par le Pape, souverain du Comtat-Venaissin.

PAYEN DE LA GARDE, seigneur de la Garde Paréol, créé comte palatin par bref du 25 février 1612, comme descendant de HUGUES DE PAYEN, fondateur des Templiers.

La famille est représentée par Léopold-Marie-Gustave LONDÈS DE L'HOTEL, baron de Lagarde.

ARMES : *d'azur, au chevron d'or, accompagné de trois molettes du même.*

PAYS (RENÉ LE), né à Fougères (Bretagne), directeur général des gabelles en Provence et Dauphiné, chevalier de Saint-Maurice en 1670, fut créé comte palatin en 1672. Il mourut en 1690.

ARMES : *d'argent, au chevron de sable, accompagné en chef de deux hures de sanglier du même, et en pointe d'une rose de gueules, boutonnée d'or.*

PIELLAT (ANTOINE DE), seigneur de Buisson, trésorier général pour le roi en la ville et comté d'Avignon, rendit hommage au Saint-Siège, le 24 septembre 1653, entre les mains de Marius Buti, recteur du Comtat-Venaissin. Il avait été créé comte palatin. Il laissa, de Marguerite DE RIBÈRE, qu'il avait épousée le 7 février 1661, un fils unique dont la postérité est éteinte.

PIELLAT (DOMINIQUE MARIE DE), cousin du précédent, reçut le titre de comte palatin par lettres patentes du pape Clément XII, datées de Rome, le 10 avril 1739. Il avait épousé, le 17 mai 1738, Thérèse-Françoise DE BENOIT DE LA PAILLONNE, dont la descendance est encore représentée de nos jours.

ARMES : *d'or, au chevron d'azur, accompagné de trois têtes de lion, arrachées du même.* — SUPPORTS : *deux léopards.* — DEVISE : *In antiquis.*

REY (FRANÇOIS JOSEPH), comte palatin, gentilhomme servant près de Monsieur, frère du Roi, à Paris, résigna par acte notarié, le 18 avril 1776, ledit office en faveur de M. Jean-Baptiste Ayet, avocat au Parlement de Paris.

SERRA (HENRI DE), marquis de la Marmie, gouverneur général de la marine du Levant en France, obtint le titre de comte Palatin, au commencement du XVIIIᵉ siècle. La dernière descendante et héritière de cette branche française de la maison de Serre fut Madeleine-Mathilde DE SERRA, laquelle se maria avec M. DE GUALTERI.

ARMES : *d'or, à deux fasces échiquetées d'argent et de gueules.*

SIFFRÉDY DE MORNAS (PIERRE-JOSEPH DE), d'Avignon, fils de Joseph
Siffrédi, docteur en droit civil de l'Université de ladite ville en 1640,
viguier de Mornas, fut créé comte palatin. Il mourut le 31 juin 1693,
et laissa pour fils :

Jean-Joseph DE SIFFRÉDY DE MORNAS, né à Avignon, reçu docteur
en droit civil de l'Université de cette ville, le 3 septembre 1691,
capitaine viguier de Mornas, fut également créé comte palatin par le
Pape, souverain du Comtat-Venaissin.

La famille de Siffrédy est encore représentée de nos jours par
M. DE SIFFRÉDY, au château de Roche, par Quingey (Doubs).

SOBIRATS (FRANÇOIS DE), créé comte palatin par bref du 18 mars 1579.
Le représentant actuel de la famille est le comte Raymond-Gabriel-
Malachie DE SOBIRATS, époux de Fanny D'OLIVIER DE GIRAUD, dont
Théophile de Sobirats.

ARMES : *d'or, au coq de sable, crêté et barbé de gueules, posé sur une montagne de six coupeaux de sable, mouvant de la pointe de l'écu.*

TACHE (FRANÇOIS), d'Avignon, fils d'Antoine TACHE, docteur en droit
civil de l'Université d'Avignon, en 1636, registrateur des bulles pontificales, créé comte palatin. Il mourut le 21 février 1702.

TACHE (JEAN-FRANÇOIS DE), registrateur des bulles pontificales, reçu
docteur en droit civil de l'Université d'Avignon, le 4 avril 1667, fut
créé comte palatin par le Pape, souverain du Comtat-Venaissin. Il
mourut le 10 septembre 1727.

TONDUTI (PIERRE-FRANÇOIS), seigneur de Saint-Léger, né à Avignon
en 1583, primicier de l'Université de cette ville en 1642 et 1662,
jurisconsulte renommé et savant astronome, conseiller aux Conseils
du roi et chevalier de son Ordre en 1666, auditeur général de la
Légation à Avignon en 1658, adjoint au syndic de la noblesse
de ladite ville, fut créé comte Palatin. Il était fils de noble Raymond TONDUTI et de Marguerite DE JOANNIS et mourut le 17 septembre 1669. De sa femme, Marie DE GUYON qu'il avait épousée à
Avignon, le 7 août 1618, il laissa une postérité qui s'est perpétuée

jusqu'à notre époque et qui était en possession des baronnies de Malijac et Saint-Léger.

ARMES : *d'argent, à la bande d'azur, chargée de trois molettes d'éperon d'or.* — CIMIER : *un Hercule issant, représenté au naturel, armé de sa massue haute à la main droite.* — SUPPORTS : *deux lions d'or.* — DEVISE : *Etiam superata vincit.* — CRI DE GUERRE : *Baillons nous.*

VITTON DE PERTUIS (CHARLES-FRANÇOIS-JULES-MARTIAL DE), né le 4 novembre 1805. S. S. le Pape Grégoire XVI lui a accordé, par bref, en date du 28 août 1835, le titre de comte Palatin et la croix de chevalier de l'ordre de l'Éperon d'or, et, par un autre bref du 26 août 1845, elle lui a conféré le titre de chevalier de l'ordre de Saint-Sylvestre (autorisation royale du 21 avril 1846).

Il a épousé, le 2 septembre 1833, M^lle Angélique-Louise-Camille DE MARNIÈRE DE GUER, fille de feu Armand-Constant de Marnière, marquis de Guer, chevalier des ordres de Saint-Louis et de la Légion d'honneur, dont : 1° Georges-Marie-Roger DE VITTON DE PERTUIS, demeurant au château de Kerlétu; près Lorient (Morbihan), marié à M^lle LEBLANC DE BOISRICHEUX. — 2° Marie-Sophie-Anna DE VITTON, femme de M. Casimir-Thomas-Emmanuel DE LA CHOÜE, comte DE LA METTRIE, au château de Langevinière, près Dol (Ille-et-Vilaine).

ARMES : *d'azur, au chevron d'or, accompagné de cinq fusées du même, posées trois en chef et deux en pointe; à la bordure d'hermines, chargée de huit couronnes du second émail.* — DEVISE : *Semper fuerunt semper.*

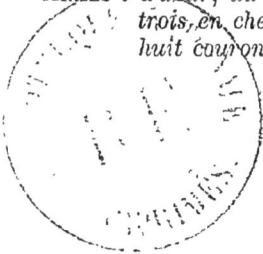

# TABLE DES NOTICES

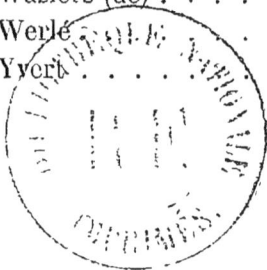

IMPRIMERIE CHAIX, RUE BERGÈRE, 20, PARIS. — 27710-12-90.

www.ingramcontent.com/pod-product-compliance
Lightning Source LLC
Chambersburg PA
CBHW071230290326
41931CB00037B/2599